CLASSICAL

CIVILIZATION

古典文明译丛

古典文明译丛

主编 郭小凌

副主编 晏绍祥 黄洋 张强 金寿福

西部罗马的转型

〔英〕伊恩·伍德 著　刘寅 译

THE TRANSFORMATION OF THE ROMAN WEST

IAN WOOD

商务印书馆
创于1897　The Commercial Press

Ian Wood

THE TRANSFORMATION OF THE ROMAN WEST

《古典文明译丛》总序

在学术界，对古希腊罗马文明形态有一个统称——"古典文明"（the classical civilization）。这是一个出自西学的、具有高度赞誉色彩的概念。

古典一词是对 classical 一词的中译，这个词与文艺复兴以来西方形成的一门新学科的名称 Classics（古典学）同出自拉丁文形容词 classicus。该词原义主要指罗马高级别公民如"头等公民的"之类，引申义则意味出类拔萃、完美无缺、权威和典型。而中文"典"字有标准、规则之义，与 classical 的意思大体相吻。有趣的是，classical 并没有"古"的时间指代，最初的中译者可能鉴于古希腊罗马早已变为古代事物，近现代西方人又把古希腊罗马时代看作是为自己确立基本价值标准的时代，因此在"典"字前加一"古"字，倒也比较贴切地传达了近现代西方对于古希腊罗马文明的基本认识。顺便说一句，对于近现代的一些文化事物，如 classical music 若译作"古典音乐"就与原义不符了。

古典文明有哪些深具影响的价值观呢？愚以为可大体列出一个清单，如：政治领域的民主与共和理念及其实践经验，包括法治、选举制、任期制、比例代表制、政教分离、民选公职人员控制军队、少数服从多数的集体领导制、多数暴政等；社会领域的数量与比值的平等、公民社会安排、好公民的规定等；文化领域的哲学、史学、政治学、戏剧、美术、医学、数学、物理学、逻辑学等学科的创立与评价标准的设定等。这些价值观对欧美社会率先进入现代社会提供了借鉴的蓝本和进一步发展的依据,因此对认识今天的西方文明具有极其重要的参考意义。

我国目前的主流思想出自西方文明的组成部分马克思主义,我国改革开放并追求中国梦的主要参考样本是率先完成现代化进程的西方列国。在这种情况下,正确认识西方世界并把西方的历史经验与中国的具体实践相结合,始终是自清末以来我国知识分子孜孜不倦的努力方向。马克思主义的奠基人之一恩格斯曾指出:"没有希腊文化和罗马帝国所奠定的基础,也就没有现代的欧洲。"[①]他道出了古典文明与现代西方文明之间的源流关系。换句话说,如果仅限于表面认识现代西方,那可以不必了解古希腊与古罗马;但如果要深入认识现代西方,则必须认识古希腊与古罗马。这套《古典文明译丛》如果说对今天的读者具有阅读价值,其主要价值便在于此。

收入这套丛书中的著作都是现代古典学的名作。因翻译语言的局限,它们主要属于英语世界的名作。它们虽然是现代作品,却也可以用 classical 来形容,因为这个词原本是指出众、典范的人和事。比如丛书中芬利的《古代经济》一书,颠覆了 19 世纪以来关于古希腊罗马是商品经济、海洋文明的成说,还原了农本社会的属性,体现了 20 世纪中叶西方古典学的一种认识突破。再如,罗纳德·塞姆的《罗马革命》则是共和制向帝制过渡那段波澜壮阔、跌宕起伏的历史的最出色分析与描述,后人在此方面虽也着力甚多,但迄今尚无出其右者。可以说,这些书是已被时间检验过的西方学界对自身历史认识的上乘之作,均被列入了各个高校相关专业本科生、研究生的参考书目。

需指出,翻译这套外国著作的基本目的虽是为读者提供一些拓展视域、深入认识西方文明的读本,但细究起来也还有着另外一层认识意

---

① 《马克思恩格斯选集》第 3 卷,人民出版社 1972 年版,第 220 页。

义，这就是有益于我们的反躬自省。柏拉图曾以其老师苏格拉底之口撰写了众多对话篇，其中多篇谈及"认识你自己"（γνῶθι σεαυτόν）的命题。这原是镌刻在中希腊德尔斐的阿波罗神前殿殿墙上的箴言之一，第欧根尼认为最早提出这一命题的可能是哲学之父泰勒斯。不管怎样，希腊最聪明的人都把认识自己看作是极其重要的人生目标。古希腊人能把这个命题刻写在神庙内，当作至理名言，显然认为神也认同这个命题，或者说这是神灵对人的指示。这个指示显然不是适用于一时的，因为人的自我认识是永无止境的任务，每代人都在不断认识外部世界的同时不断认识自身世界，所以认识从来不会一次完成。本丛书中的每一本都是西方人认识自己的阶段性成果，也是我们正确认识自身过去和现在的镜子。

诚恳希望读者对本丛书的选编与译文提出改进意见。

郭小凌

2014 年 5 月 18 日于京师园

译者弁言

　　地中海西部地区从晚期罗马帝国向中世纪的历史变迁是经典史学命题。英国利兹大学荣休教授伊恩·伍德的《西部罗马的转型》是对这个命题的最新综论。本书先是梳理从启蒙时代至今对"西罗马帝国的终结"问题的重要阐释，接下来逐一批判考察了爱德华·吉本提出的帝国诸多衰亡成因，最终聚焦于教会的兴起对人力资源、政治结构、文化生活，特别是对土地经济的影响，得出结论："基督教的胜利，特别是教会的胜利，而非罗马的灭亡或蛮族的到来，才是4—7世纪的主要历史特征。"尽管篇幅不长，但史料和研究文献异常熟稔的运用和清晰凝练的笔法，使这本小书具备大家风范。同时，伍德在书中提出并实践了若干方法论创新，包括在社会－经济框架中理解宗教变迁，弥合古代晚期研究中的宗教视角和世俗视角，对基督教的社会影响进行系统的定量分析。本书的题献对象、古代晚期学科的开山人物彼得·布朗在新近的一篇评论文章中以"开创性的"（groundbreaking）形容伍德的这部著作，并非夸大之辞。

　　《西部罗马的转型》虽然篇幅短小，但对问题的学术史背景和作者意图实现的学术推进均表达得足够清楚明了。再做更详细的复述，恐怕

---

　　* Peter Brown, "No Barbarians Necessary", *The New York Review of Books*, September 24, 2020.

反而显得多余。这里仅对伍德的学术生涯稍作介绍，以助读者理解《西部罗马的转型》一书在作者个人学术发展中的位置。

伊恩·尼古拉斯·伍德（Ian Nicholas Wood）生于1950年，1969年进入牛津大学修习现代史。依照当时牛津大学学制，现代史以戴克里先称帝的公元284年为起始年份。伍德致力于学习"现代史"的初段，即罗马帝国时代向中世纪的转型期。适值牛津大学早期中世纪史 / 古代晚期史研究的黄金岁月。以蛮族国家的政治和文化为主要研究对象的华莱士 - 哈德里尔（J.M. Wallace-Hadrill）于1961年放弃了曼彻斯特大学的教授讲席，接受了牛津大学莫顿学院高级研究员职务，次年出版以墨洛温王权为主题的重要著作《长发王》（*The Long-haired Kings*）。他为本科生开设讲座课程"从波埃修到伊西多尔"，直至1973年接替杰弗里·巴勒克拉夫出任万灵学院的奇切利教授（奇切利教授讲席不允许任职者开设本科课程）。华莱士 - 哈德里尔一度还为现代史专业的学生开设特别主题辅导课程"圣奥古斯丁"（研读拉丁原文），但最终将这门课交给了初出茅庐的彼得·布朗。布朗1963年获得万灵学院的研究员职位，1970年晋升为高级研究员，期间出版了经典著作《希波的奥古斯丁：一部传记》（*Augustine of Hippo: A Biography*, 1967）。布朗参与推动了现代史专业进阶主题课程"拜占庭及其北部和东部邻国（525—700年）"的创设，并从1969—1970年开始讲授"拜占庭、波斯与伊斯兰的崛起"和"从马可·奥勒留到穆罕默德的社会与超自然世界"两门讲座课，于1971年出版了奠基性专著《古代晚期的世界：从马可·奥勒留到穆罕默德》，同年刊发同样影响深远的论文"圣人在古代晚期的兴起和功能"。当时在牛津关注晚期罗马帝国史的青年教员还有奥斯温·默里（Oswyn Murray，1968年成为巴利奥尔学院的研究员）、弗格斯·米勒（Fergus Millar，1964年成为皇后学院的研究员）和约翰·马修斯（John Matthews，1969年成为圣体学院的研究员）。此外，更早开始学术生涯的盎格鲁 - 撒克逊专家詹姆斯·坎贝尔（James Campbell，1957 年成为伍斯特学院研究员）常年开设研究比德《英吉利教会史》的课程。在伍德——以及他的同学，其中包括后来任职奇切利教授讲席的克里斯·魏可汉（Chris Wickham）——最初接受学术熏陶的牛津，重建罗马帝国转型的历史叙事，俨然是一项集体事业。《西部罗马的转型》不妨视之为当初的那位青年学子在近半个世纪后交出的一份个人答卷。

伍德以一等荣誉学士毕业后，继续追随华莱士－哈迪尔攻读博士。华莱士－哈德里尔塑造了伍德的基本学术研究方向：蛮族世界的文献、政治、教会和思想。在其学术生涯中，伍德尽管主要关注欧洲大陆，但对盎格鲁－撒克逊英格兰（特别是比德）也有长期的深入研究。这一点似乎也有华莱士－哈德里尔的影子。伍德以 5 世纪早期的维埃纳主教阿维图斯（Avitus of Vienne）为研究对象的博士论文始终没有正式出版。不过，这项早年研究的成果在伍德多年后与古典学者达努塔·珊策（Danuta Shanzer）合作编译的阿维图斯书信全集（外布道辞两篇，利物浦大学出版社"历史学者适用翻译文献"[Translated Texts for Historians] 书系第 38 卷，2002 年）中获得了部分呈现，特别是该书出色的引言和丰富的注释。在阿维图斯的时代，维埃纳教区所在的勃艮第王国盛极一时。伍德的研究一定程度上弥补了其导师华莱士－哈德里尔的早年经典著作《蛮族西部世界（400—1000 年）》（*The Barbarian West 400-1000*，1952）对勃艮第王国的忽视。此外，在第一批蛮族王国中，勃艮第王国有其独特之处：历任统治者都以罗马帝国的代理人自居，即便在帝国西部政权终结之后亦是如此。勃艮第视角下对"罗马－蛮族"关系的特别理解，在《西部罗马的转型》中仍可见痕迹。

经历了一些临时职位后（包括 1976 年在伦敦的皇家霍洛威学院为彼得·布朗担任助教），伍德在 1976 年入职利兹大学，历任讲师、高级讲师（1989—1995 年）和教授（1995—2015 年），直到退休。伍德学术精力充沛，迄今出版学术专著 6 部、史料译著 3 部、参与主编学术文集 11 部、发表论文超过 200 篇，高产程度在早期中世纪史学界大概只有他的好友、"维也纳学派"领军人物瓦尔特·波尔（Walter Pohl）可以匹敌。同时，伍德也是一位杰出的学术组织者。在他担任过的众多学术职务中，两项特别值得一提。由欧洲科学基金资助的"罗马世界的转型"（1989—1998 年）是史上最大规模的早期中世纪科研项目，先后有来自 20 个国家的超过百名学者参与。伍德是项目的前期工作团队成员，同时，也是项目于 1992 年转正后的三位协调人之一。他出色的组织工作保证了这个跨学科、跨国别的大型项目得以顺利开展。同时，伍德也是"罗马世界的转型"项目论文集（共 13 卷）的总主编。此外，1994 年，伍德以学术委员会成员的身份参与了利兹国际中世纪年会（International Medieval Congress）的创办。如今，利兹年会已是早期中世纪研究学界规模最大、学术质量最高的大型会议之一。

在《西部罗马的转型》之前，三部著作最能代表伍德的学术研究。首先是《墨洛温王国（450—751 年）》（The Merovingian Kingdoms, 450-751, 1994）。这部被评论者称为"值得学术界期盼二十年"的断代史著作甫一面世，就获得了学界的高度认可，一举奠定了伍德在墨洛温研究学术史上的地位。《法国历史研究》（French Historical Studies）专门为其组织了一个研讨专栏（1996 年第 19 卷第 3 期）。这部著作基于严谨的文献批判和对于钱币学和考古学材料的综合运用，重建了墨洛温时代政治史，同时，相当有说服力地展现了墨洛温王朝的政治和文化成就。为夹在罗马帝国和加洛林帝国之间的欧洲早期中世纪/古代晚期的历史成就正名的学术意图，在《西部罗马的转型》，特别是第十章中亦有明确的体现。

伍德第二部重要著作《传教生涯：圣徒与欧洲的基督教化（400—1050 年）》（The Missionary Life: Saints and the Evangelisation of Europe 400-1050, 2001）是对早期中世纪圣徒传记文献（hagiography）的系统考察。这部著作是伍德对圣徒传的多年研究的结晶。伍德希望在书中回答的问题是：在早期中世纪的语境中，"传教"究竟是什么意思。这既涉及圣徒传及相关文献中记录的传教经验，也关乎作为早期中世纪思维范畴的"传教"是如何通过圣徒传文体建构的。扎实的文献批判依旧是这本著作的最大特色。《传教生涯》至今仍是早期中世纪传教问题的首选参考书。伍德还参与了 7 世纪的重要圣徒传记作家博比奥的约纳斯（Jonas of Bobbio）著作的编译工作（利物浦大学出版社"历史学者适用翻译文献"第 64 卷，2017 年）。《西部罗马的转型》中多处可见对圣徒传文献的精彩运用。

《西部罗马的转型》的导言基于伍德近年来对早期中世纪研究的现代学术史的系统研读和整理，完整的研究成果体现为 2013 年的著作《早期中世纪的现代起源》（*The Modern Origins of the Early Middle Ages*）。通过逐一评述 18 世纪以来的重要相关学术与文学作品，此书强调，对欧洲早期中世纪的历史叙事，始终与现代欧洲不同时期中的核心思想命题、社会政治问题以及现代进程中不断遭遇的认同问题紧密关联。《西部罗马的转型》第二章中针对近年来右翼言论对"蛮族入侵"的民粹主义解读的激烈反驳，反映了伍德对内嵌于欧洲早期中世纪研究的现实感的自觉意识。

《早期中世纪的现代起源》一书的学术史梳理侧重 20 世纪之前的作家作品，对伍德自己身处其中的近半个世纪的早期中世纪学术界着墨较少。伍德在 2016 年为线上学术刊《网络与邻人》（*Networks and Neighbours*）撰写的《古代晚期的转型（1971—2015 年）》一文弥补了这一缺憾。伍德在文中详细梳理了彼得·布朗《古代晚期的世界》出版以来，欧洲古代晚期/早期中世纪研究的学术组织、会议和研究团队的发展轨迹。在他看来，"了解这些学术网络可以在一定程度上有助于我们理解，对古代晚期和早期中世纪的前两到三个世纪的阐释是如何演进的"。得到伍德本人与《网络与邻人》的慷慨应允，译者将这篇学术史论文译出，附在书后，呈现给中国读者。与本书正文配合阅读，或可更有助于理解欧洲早期中世纪研究在西方学界的前世今生，甚至未来的可能走向。

最后需要补充说明的是，尽管《西部罗马的转型》在很多方面可被视为伍德学术生涯至今的一本总结之作，但它之于作者本人同样也意味着一个新的起点。在《西部罗马的转型》的结尾处，伍德提出将4—7世纪的欧洲视为一个以宗教为秩序中心的"神庙社会"（Temple Society）。神庙社会最大的特征之一是宗教机构在整个社会的财富（特别是土地财富）的生产和流动中扮演的枢纽角色。据译者了解，伍德针对这个问题的更深入研究，已形成书稿《早期中世纪西方的基督教经济》（*The Christian Economy of the Early-medieval West*）。这无疑值得我们翘首以盼。

李隆国博士、夏洞奇博士、包倩怡博士、庞国庆博士和张楠博士对本书的译稿提出过宝贵的修改意见，邱方哲博士和李文丹博士就若干专有名词的译法提供了专家意见。在此一并向这些友人表达诚挚的感谢。当然，译文中的任何不当和错误由译者负责。商务印书馆的杜廷广编辑专业、高效的编辑工作保证了这本译著的顺利出版。在此真诚致敬。

献给

彼得·布朗

目 录

前言与致谢

这本小书是对 2016 年 5 月 14 日第 15 届国际中世纪研究大会上的大会报告"宗教与罗马西部世界的终结"的大量扩充版本。我非常感激会议组织方邀请我作这个报告,同时也特别感激西蒙·福德(Simon Forde)动员我将这次报告写成现在这本书。我还想感谢一位老朋友,主持了那场报告的托马斯·F. X. 诺布尔(Thomas F. X. Noble)教授。

西密歇根大学的中世纪研究所为我提供了机会,去考察一个长期困扰我的话题:在针对 4—7 世纪的大量有价值的研究中,很多在我看来对问题有着很不一样、有时看上去彼此无法兼容的理解;我们该如何在这些史学阐释中(哪怕只是其中一部分阐释)维持平衡呢?最明显的分歧出现在社会 – 宗教史与社会 – 经济史之间。我在这本书中提供的解决方案是,采用量化的和以经验性论证为主的方式,来呈现往往从宗教的或社会的角度受到考察的教会:对我来说,这个主意大概源于安东尼·布赖尔(Anthony Bryer)的一篇论文(很可惜没有公开发表), 这篇论文对于作为一种经济制度的拜占庭教会提供了引人入胜的分析。

我受益于非常多的朋友,以及更多的学生,他们在过去的多年中与我研讨过这个话题的不同方面:尤其是"巴克奈尔/乌尔斯通"(Bucknell/Woolstone)小组、参与"罗马世界的转型"项目的同行、参与"文本与认同"和"网络与邻居"项目的同事和学生,以及罗伯特·维斯涅夫斯基(Robert Wiśniewski)的"古代晚期西部世界的司铎"项目团队，在波兰高等研究院访学期间，我常常与他们争论。他们中的很多人的名字出现在了脚注中，为了节约篇幅，我就不在这里一一列举了。不过，我想要特别感谢那些对此书的初稿提供过批评的朋友：斯坦尼斯拉夫·阿达米亚克（Stanisław Adamiak）、安·克丽丝蒂丝（Ann Christys）、约翰·霍尔顿（John Haldon）、巴维尔·诺瓦科夫斯基（Paweł Nowakowski）、赫尔穆特·雷米茨（Helmut Reimitz）、马克·斯坦斯伯里（Mark Stansbury）、耶日·沙弗兰斯基（Jerzy Szafranowski）、克里斯·魏可汉和罗伯特·维斯涅夫斯基（Robert Wiśniewski）；我也要感谢阿德里安·巴雅得（Adrien Bayard），他十分用心地为我找到了一条我无法想起的引用文献。我最想要感谢的人是彼得·布朗，他不仅阅读了本书的初稿，更在超过四十年的时光中教导和鼓励了我：我把这本小书献给他。

导　言　西罗马帝国的终结：从衰亡到罗马世界的转型

　　在《罗马帝国衰亡史》最后一卷的最后一段中，爱德华·吉本概述了他最为关心的议题。他罗列的西罗马帝国的终结成因包括"军事专制的失序；基督教的兴起、确立和内讧；君士坦丁堡的建立；君权的分割；日耳曼和斯基泰蛮族的入侵和定居"[①]。吉本无疑在之前数卷中对所有这些议题都有论及，但他以一种更简明的表述突出了自己对两个因素的特别强调："我描述了野蛮和宗教的胜利。"[②]

　　我希望在本书中考察"宗教的胜利"和西罗马帝国的"衰亡"之间的关系。我对"衰亡"时段的界定是4—6世纪，这与吉本并不一致。尽管人们完全可以认为，帝国在西部的终结发生在5世纪或6世纪的某个时刻，[③]但我主要关注的问题，并非是最后一位西部皇帝遭到罢黜的历史意义，甚至并不是帝国体制的消亡，而是西欧以及更宽泛意义上的地中海西部地区在公元300年时与在公元600年时的差异。我并不 把本书看作是对吉本的批判，事实上，他的阐释为我们考察这两个时间点之前发生的历史变迁提供了有用的框架。把地中海西部地区在晚期

---

① Gibbon, *Decline and Fall*, chap. 71. 由于该书的版本过多，我选择用章节号而非页码来标记对《罗马帝国衰亡史》的引用。

② Gibbon, *Decline and Fall*, chap. 71（"罗马毁灭的四项主因"中的第二项）；Pocock, *Barbarism and Religion*, esp. vol. 1, p. 2.

③ Wood, "When Did the West Roman Empire Fall?".

罗马时代和在后罗马时代之间的差异视为"衰落"是具有启发性的，但正如本书希望揭示的，我感觉"衰落"这个词所暗示的价值判断并不利于我们思考实际发生的主要历史变迁。

尽管我在本书中的论证思路会以吉本关注的问题，特别是宗教问题为焦点，但必须事先说明的是，今天的学者已不再认为吉本对西罗马帝国灭亡原因的总结是充分的了。④ 因此，我们不妨通过简述吉本所忽略或未加重视的一些因素来开启本书的讨论：我们将会看到，这些因素与讨论"衰亡"期间和"衰亡"之后所发生的宗教变迁的历史意义是有关联的。同时，将我们的讨论置于相关问题的一些重要史学史演进脉络中也是有益的。

社会和经济问题无疑是在吉本的考量之中的。事实上，他在阐述军队和教会时提出了资源分配的问题。但吉本选择不去强调社会和经济因素。这并不令人感到惊讶，因为，在他生活的 18 世纪，与神学和政治学相比，社会学和经济学的发展还相对有限。不过，并非只是社会学和经济学在过去两个多世纪中的进展，才让吉本对社会经济议题的看法在今天显得不够充分。现代学者关于晚期罗马时代的经济和社会的阐释对考古学的依赖程度远超宗教和政治取向的阐释。⑤ 公允地说，我们几乎所有的考古数据都来自 20 世纪的发掘，这显然是吉本无从获得的。特别有价值的是埃及草纸的发现，这意味着我们对尼罗河下游地区的认知在精确度上远超罗马帝国的任何其他地区。对陶器的考古发掘也很有价值，它使我们不仅可以细致了解当时的一项主要产业，还可以对陶器的分布模式进行深度研究。⑥

这并不是说，只有在埃及草纸问世后，或晚期罗马和后罗马时代的陶器出土后，才有可能对帝国的最后岁月和帝国消失之后的社会经济

---

④ 210 条西罗马帝国灭亡成因的列表，参见 Demandt, *Der Fall Roms*, p. 695。

⑤ Esmonde Cleary, *The Roman West*; Christie, *The Fall of the Western Empire*.

⑥ Wickham, *Framing the Early Middle Ages*; Ward-Perkins, *The Fall of Rome and the End of Civilization*. 并非聚焦于陶器的考古学分析，参见 Christie, *The Fall of the Western Roman Empire*。

史进行阐释。早在 5 世纪时，萨尔维安（Salvian）就认为，帝国所面临的危机的核心是贵族阶层在社会和经济上的缺陷，尽管他主要是在宗教和道德层面做此论断。[7] 在吉本的时代，帝国如何对待普通大众的问题，在 18 世纪被普遍视为将罗马理解为专制政权的关键论据。很多政治理论家都宣扬这种阐释，其中最著名的要数孟德斯鸠在《罗马盛衰原因论》（出版于 1734 年）和《论法的精神》最后两卷（第 30、31 卷）中的论述。[8] 孟德斯鸠发展了布兰维利尔的亨利伯爵（Henri comte de Boulainvilliers）的理论，并对杜·波斯神甫（abbé Du Bos）的作品有所批判。他将罗马帝国描述为专制体制，认为它与 18 世纪波旁王朝的专制颇有可类比之处。[9] 吉本并不认同孟德斯鸠通过罗马帝国批判自身所处时代的法国政府的做法。吉本将 2 世纪视为黄金时代，这很大程度上构成了对那位法国哲学家的回应。

包括 5—6 世纪在内的古代历史，在 18 世纪末和 19 世纪初依旧为检讨社会压迫问题提供素材。不过，对孟德斯鸠来说，是罗马皇帝在压迫他们的臣民；而法国大革命之后日益兴起的趋势是将大迁徙时期的蛮族入侵者视为主要的压迫者，而非罗马皇帝。在这种阐述中，这些蛮族自认为比原住民高等。[10] 奥古斯丁·梯叶里是法兰克人压迫高卢－罗马人这种历史图景的主要塑造者，[11] 亚历山德罗·曼佐尼（Alessandro Manzoni）则将之化用于意大利历史。曼佐尼不仅把伦巴德人看作是意大利原住民的压迫者，同时还认为他们为之后亚平宁半岛的所有入侵者树立了范例。[12] 因此，在 18 世纪和 19 世纪初，古代晚期和早期中世

4

---

[7]　Salvian, *De Gubernatione Dei*, IV, 20-36.

[8]　Montesquieu, *Considérations sur la grandeur des romains et de leur decadence*; Montesquieu, *De l'Esprit des Loix*.

[9]　Wood, *Modern Origins of the Early Middle Ages*, pp. 37-41, 61-64.

[10]　Ibid., pp. 45-51.

[11]　Thierry, *The Historical Essays and Narratives of the Merovingian Era*; Wood, *Modern Origins of the Early Middle Ages*, pp. 97-102.

[12]　Manzoni, *Discorso sopra alcuni punti della storia longobardica in Italia*; Wood, *Modern Origins of the Early Middle Ages*, pp. 114-119.

纪为思考社会压迫问题提供了话题。

西蒙德·德·西斯蒙第（Jean Charles Léonard Simonde de Sismondi）尽管承认蛮族推翻了罗马帝国，但并不倾向于将他们视为压迫者。事实上，他的立场与孟德斯鸠，以及那些把罗马看作专制政权的学者有更多的共通之处。但西斯蒙第的论证基于独特的经济视角：作为19世纪非常优秀的经济学家之一，他曾激烈地批判过亚当·斯密，并亲眼见证了财富分化在英格兰北部的新工业世界中造成的影响。西斯蒙第对罗马帝国灭亡的解释特别强调阶级和经济不平等，并不令人惊讶。最富有的人压榨小所有者。包括戴克里先（284—305年在位）在内的一些皇帝意识到了这个问题，但他们尝试加以矫正的手段是压制自由。⑬

5　　　西斯蒙第对罗马帝国衰亡的分析尽管很有见地，但与他对意大利共和国和法兰西民族的大部头研究著作相比略显单薄。⑭ 相形之下，古代史家德·古朗士（Numa Denis Fustel de Coulanges）在1870年后对晚期罗马帝国和后罗马世界的社会结构的考察，要扎实得多。与18世纪和19世纪很多开宗立派的学者一样，古朗士尤其关注法兰西地区，即罗马高卢向墨洛温法兰克（Merovingian Francia）的转型。他的巨著《古代法兰西制度史》（首卷出版于1874年，第6卷于1892年由他的学生卡米尔·朱里安［Camille Julien］在他身故后出版）⑮ 同样反对蛮族造成帝国崩溃的观点。古朗士强调罗马制度的稳步转型，特别是古代庇护体系向早期中世纪封建制的演化。

古朗士的观点形成于一个敏感的时期，他写作的语境无疑对他的学术产生了影响：法国人刚刚在普法战争中败给德国人，这场胜利直接导致了统一德国的形成。古朗士拒绝承认蛮族入侵者对罗马帝国带来

---

⑬ Simonde de Sismondi, *A History of the Fall of the Roman Empire*; Wood, *Modern Origins of the Early Middle Ages*, pp. 84-93.

⑭ Simonde de Sismondi, *Histoire des Français*; de Sismondi, *Histoire des Républiques italiennes du Moyen Age*.

⑮ Fustel de Coulanges, *Histoire des Institutions Politiques de l'ancienne France*.

实质的影响，这一观点背后无疑带有强烈的反德情绪，但这并不是说他的论证缺乏证据支持；恰恰相反。[16] 然而，尽管古朗士声称自己只靠史料说话，但他确实是在回应之前那些突出日耳曼民族在罗马衰亡中所发挥作用的历史阐释。此外，他对证据的运用也并非无可指摘：他对文书类文献的处理不尽如人意——古朗士没花时间去吸收当时不断发展的文书学（diplomatics）的成就。[17] 但是，他对社会变迁，特别是对封建制兴起于罗马庇护体系的细腻分析，扭转了探讨罗马灭亡问题的学术方向：对4—8世纪社会演变更加复杂的史学呈现，取代了蛮族入侵的宏大叙事。

20世纪早期杰出的奥地利史学家阿方斯·多普施（Alfons Dopsch）出版于1918/1920年的《欧洲文化发展的经济社会基础：从恺撒到查理曼》（Wirtschaftliche und soziale Gundlagen der europäischen Kulturentwicklung von Cäsar bis auf Karl den Großen）一书，在某些方面继承了古朗士的论点。这本书有一个英语节略本《欧洲文明的经济与社会基础》，出版于1937年。[18] 多普施认为，帝国的终结见证了两种文化的融合：罗马行省文化与蛮族文化。这两种文化之间并无显著的不同（在多普施看来，两种文化之间所谓的巨大差异，基本可以视为法律史学者的人为建构），因此，这一历史进程并不涉及任何重大断裂。多普施的阐释最初很受认可，但不可避免地激起了"日耳曼方面"的反击——这不限于德意志学者，所有研究后罗马时代法典的学者都普遍对多普施有所臧否。[19]

古朗士和多普施强调，蛮族的到来没有打破历史延续性。同样的看法也见于皮朗的《穆罕默德和查理曼》。这本书是皮朗身故后于1937

6

---

[16]　Hartog, *Le XIXᵉ siècle et l'histoire*.

[17]　Ibid., p. 113.

[18]　Dopsch, *Wirtschaftliche und soziale Grundlagen der euro päischen Kulturentwicklung*; abridged English trans., *The Economic and Social Foundations of European Civilization*.

[19]　Review by Joliffe, *English Historical Review* 53 (1938): 277-283.

年出版的，但作者已在"一战"结束后发表的多篇论文中概述了书中的论点。[20] 乍看上去，皮朗关注的问题与古朗士和多普施很不一样。但皮朗与这两位学者一样，都是货真价实的社会经济史学者，他给自己提出的问题（解释低地国家在加洛林时代之后的经济发展）本质上是社会经济取向的。他给出的回答也是如此：古代的终结伴随着地中海统一性的崩塌和瓦解。不过，皮朗的回答主要采取的是叙事的方式。根据他的叙事，日耳曼蛮族并未摧毁古代世界，做到这一点的是穆斯林。

7 　　大约同一时期，古典学家也提供了他们对罗马帝国终结的看法。一些古典学家倾向于认为蛮族在这一历史进程中扮演了重要角色。J.B. 伯里（J. B. Bury）对从提奥多西一世到查士丁尼的历史提供了连贯的叙事；他的一部早期作品叙述了从阿卡狄乌斯到拜占庭女皇伊琳娜之间的历史。伯里认为，突发性的偶然事件在这段历史中发挥了关键作用：帝国因一系列事件造成的压力而不堪重负，其中包括蛮族的到来。[21] 其他古典学者的观点更接近古朗士、多普施和皮朗，他们否认入侵者造成了重大影响。在著名的德国学者中，奥托·泽克（Otto Seeck）为这一时期的历史提供了一个强有力的叙事，他对晚期帝国持十分悲观的看法，将之描述为腐朽的和专断的，尽管一些杰出的皇帝做出了巨大的努力试图拯救它：蛮族并不应为帝国的失败负责。[22]

　　蛮族的影响在俄裔流亡者米哈伊尔·罗斯托夫采夫那里甚至更小，这很大程度上是因为他关注的时段在4世纪之前——罗斯托夫采夫研究的是古代史而非中世纪史。罗斯托夫采夫对罗马帝国灭亡的阐释见于他1926年的著作《罗马帝国社会经济史》。[23] 对帝国的社会经济缺陷

---

[20] Pirenne, *Mahomet et Charlemagne*; English trans., *Mohammed and Charlemagne*; Wood, *Modern Origins of the Early Middle Ages*, pp. 224–236.

[21] Bury, *A History of the Later Roman Empire*; Bury, *History of the Later Roman Empire from the Death of Theodosius I to the Death of Justinian*; Wood, *Modern Origins of the Early Middle Ages*, pp. 210–217.

[22] Seeck, *Geschichte des Untergangs der antiken Welt*.

[23] Rostovtzeff, *The Social and Economic History of the Roman Empire*.

的强调，反映了他个人在俄国革命中的经历。[24] 罗斯托夫采夫对自己的观点有如下总结：

> 城市中产阶级作为帝国的基础，没有强大到足以支撑这个世界国家（world-state）的框架。城市资产阶级依赖下层——乡下的农民和城中的无产阶级——的辛劳为生，他们与帝国贵族和帝国官僚一样，不愿意吸纳更低的社会阶层进入自身的行列……罗马帝国越来越分化为两个阶级或者说两个种姓——资产阶级和大众，即"上等人"（honestiores）和"下等人"（humiliores）。两者之间出现了尖锐的敌意，逐渐演化为乡村与城市之间的敌对……当下层通过军队表达诉求并得到了皇帝的支持时，这种敌对构成了 3 世纪危机的根源……资产阶级被摧毁，一种或多或少与情况相适应的新政府形式由此诞生，即 4—5 世纪的东方专制主义。它以军队、强大的官僚系统和农民大众为基础。[25]

罗斯托夫采夫随后做出了一个重要的提醒："我很遗憾无法在本卷中处理……帝国的精神、知识和艺术生活。如果不对生活的这些面向做全面的考察，我们的历史图景显然会是单一的和不完整的。"[26]

尽管有古朗士、多普施和罗斯托夫采夫的贡献在前，但在 1925—1950 年，对罗马帝国终结的社会经济解读还是再度被蛮族主导的叙事压过，这反映了纳粹主义的意识形态利益。至少在 1945 年之前的二十年中，德国学者通常热衷于强调迁徙民族在摧毁罗马帝国的过程中所扮演的角色；[27] 其他学者（特别是"二战"后的法国学者）则认为，这些蛮族扼杀了拥有高度文明的古典世界：安德烈·皮加尼奥尔（André

8

---

[24]　Cameron, "A. H. M. Jones and the End of the Ancient World", p. 236.

[25]　Rostovtzeff, *The Social and Economic History of the Roman Empire*, pp. xii-xiii.

[26]　Ibid., p. xv.

[27]　Wood, *Modern Origins of the Early Middle Ages*, pp. 244-267.

Piganiol）的表述最为著名，他声称，罗马文明并非自然死亡，而是被刺杀的。[28]

然而，即便是在 1945 年之后，也有学者不把蛮族当作罗马帝国灭亡的主因。马克思主义学者 F.W. 沃尔班克于 1948 年出版了《罗马帝国在西部的衰亡》（ *The Decline of the Roman Empire in the West* ），1969 年再版时的书名是《骇人的革命》（ *The Awful Revolution* ）。[29] 与罗斯托夫采夫一样，沃尔班克也选择聚焦 2—3 世纪而非之后的时段。[30] 对他来说，罗马帝国本质上就是脆弱的，因为它建立在一种低效的奴隶经济之上；尽管政权尝试阻止帝国的崩溃，但采取的手段是试图以过大的野心控制经济和军队，结果注定是失败。沃尔班克对奴隶制的重视得到了圣·克鲁瓦（Geoffrey De Ste Croix）的进一步发展。[31]

尽管在研究取向上不尽相同，罗斯托夫采夫和沃尔班克都认为晚期罗马政权存在头重脚轻的问题。A. H. M. 琼斯（A. H. M. Jones）的《晚期罗马帝国》（ *The Later Roman Empire*，出版于 1964 年）通过大量的史料进一步强化了这个意象，尽管琼斯认为帝国仍然是可以运转的，西部帝国只是因为蛮族的入侵才最终崩溃。[32] 琼斯提供了一个叙事，[33] 辅之以对帝国、社会和教会组织的详尽描述和对经济的清晰分析。这本著作至今仍是很多学者找寻材料时的首选起点，但书中呈现的细节比琼斯提供的历史阐释更具史学价值。这些历史细节营造了一个受困于

---

[28] Piganiol, *L'empire chrétien*, p. 422.

[29] Walbank, *The Decline of the Roman Empire in the West*, reissued as *The Awful Revolution*; Cameron, "A. H. M. Jones and the End of the Ancient World", p. 235.

[30] 对关于 2 世纪末危机重要性的新近学术观点的总结，参见 Haldon, "Framing Transformation, Transforming the Framework", p. 341.

[31] de Ste Croix, *The Class Struggle in the Ancient Greek World from the Archaic Age to the Arab Conquests*; Cameron, "A. H. M. Jones and the End of the Ancient world", p. 238; 关于奴隶制在之后几个世纪中的重要性，参见 McCormick, *Origins of the European Economy*。

[32] Jones, *The Later Roman Empire*. 对这部著作的新近评价，参见 *A. H. M. Jones and the Later Roman Empire*, ed. Gwynn。

[33] 对晚期罗马帝国更详尽的叙事，可见于 Bury, *History of the Later Roman Empire from the Death of Theodosius I to the Death of Justinian*。

政府和军队需求的世界，尽管琼斯对蛮族和教会的判断与吉本一致。

晚期罗马帝国在 20 世纪 60 年代末对学界的主流形象来说基本上是压抑性的，这种观点由琼斯的解读主导，其中也可以看出罗斯托夫采夫、沃尔班克甚至泽克的影响。彼得·布朗出版于 1971 年的《古代晚期的世界》以突然而富有戏剧性的方式挑战了这种悲凉的历史图景。[34] 在这本书里，晚期罗马帝国被呈现为一个经历了剧烈变迁的活力充盈的历史空间，而且，布朗在书中以积极的方式呈现了这些变迁。我们在讨论 4—6 世纪的宗教史时，会再次提到布朗的这本著作。此处需要注意的是，《古代晚期的世界》对"衰亡"的观念本身提出了如此巨大的挑战，以至于在 20 世纪 90 时代，学界开始以"罗马世界的转型"这个标签来界定晚期罗马和后罗马时代。"罗马世界的转型"事实上是一个由欧洲科学基金在 1989—1992 年开设的科研项目的名称。这个项目后来又延长了六年，前后共有超过 200 位学者参与其中。[35] 特意选择"转型"这个词，是为了避免"衰落"一词的消极意涵，对参与项目的希腊学者（特别是项目协调人之一埃万耶洛斯·克莱索斯 [Evangelos Chrysos]）来说，这个词近乎诅咒：希腊的拜占庭学者中没有人能接受 5—6 世纪的东罗马政权正在衰落的观点。[36] 对参与"罗马世界的转型"项目的大多数学者来说，得以强调的是延续和发展，而非灾祸，尽管"转型"一词的含义事实上也可以包括突发变故——喜欢英国传统戏剧的人都知道，哑剧中会通过布景的倒塌来表现一个不同的（通常是遭遇灾变的）世界，而表现巨变的场景被称作"转型场景"（transformation scene）。对延续性的强调引起了两位项目参与者的反向回应：彼得·希瑟（Peter Heather）和布莱恩·沃德-帕金斯（Bryan

10

---

[34]　Brown, *The World of Late Antiquity*.

[35]　Wood, "Report: The European Science Foundation's Programme on the Transformation of the Roman World and Emergence of Early Medieval Europe"; Noble, "The Transformation of the Roman World".

[36]　参见 Haldon, *Byzantium in the Seventh Century*, pp. 1-2.

Ward-Perkins）。事实上，沃德－帕金斯明确对"转型"的观念提出了质疑，[37] 他甚至把自己对这一时段的研究著作命名为《罗马的灭亡与文明的终结》。希瑟的回应主要是一系列宏大叙事，蛮族，特别是匈人被置于事件的核心位置。[38]

《古代晚期的世界》出版后的那些年，不但见证了对马克·奥勒留与穆罕默德之间的历史时段的彻底重新评价，同时，学者可使用的证据基础也实现了进化。此后，考古铲给我们提供的史料规模（出土陶器的史料价值甚至超过对建筑残骸的发掘，但埃及是个特例，在那里，主导性的考古发掘史料是草纸）及其对历史阐释的影响，在 21 世纪初是如此显著，特别体现在沃德－帕金斯和克里斯·魏可汉的著作中。沃德－帕金斯在《罗马的灭亡与文明的终结》中呈现了一幅灾变的历史图景，并明确把灾难发生的责任归咎于蛮族。沃德－帕金斯主要依靠的证据是考古发掘的陶器和建筑平面图。它们确实反映了物质文化的衰落，至少对社会最上层来说是如此。然而，考古学使历史图景复杂化了而非简单化了：考古发掘告诉我们的可远不止毁灭和退化。克里斯·魏可汉的《建构早期中古》（*Framing the Early Middle Ages*）是对这一时段最全面、最持中的解读。魏可汉明确突出多元性。他认为，罗马世界的不同地区以非常不同的方式和不同的速率经历了社会和经济的演变。然而，尽管存在地区差异，地区间的贸易和交流还在继续。[39]

---

[37] Ward-Perkins, *The Fall of Rome and the End of Civilization*, pp. 4, 174.

[38] Heather, *The Fall of the Roman Empire*; Heather, *Empires and Barbarians*.

[39] Wickham, *Framing the Early Middle Ages*; 另见 McCormick, *Origins of the European Economy*。对魏可汉一些尖锐的回应，见 Banaji, "Aristocracies, Peasantries and the Framing of the Early middle Ages"; Haldon, "Framing Transformation, Transforming the Framework"; and Shaw, "Rome's Mediterranean World System and its Transformation"。

第一章　吉本所列的次要原因："军事专制的失序"和"君权的分割"

经济并非《罗马帝国衰亡史》中的主导元素，事实上，相关证据在18世纪时还几乎完全不可获得。吉本选择强调的是"宗教和野蛮"，但他同样也提出了"军事专制的失序""君士坦丁堡的建立"和"君权的分割"等问题。在考察吉本最看重的两个因素之前，我们不妨先看看这后三个问题。

孟德斯鸠认为，罗马帝国就其本质而言就是专制的。吉本并不同意这一观点。在他看来，罗马帝国确实变得专制了，但这发生在安东尼王朝之后；就像他在总结时所说的，对于罗马帝国的内部问题，他强调的主要是被称作"军事专制的失序"的问题。

我们可以从很多角度论证军事问题是罗马帝国的主要麻烦。很多帝国政策的制订初衷都是为了维持军队开支。军队构成了对绝大多数人来说极端沉重的税收体制的基础。但对贵族阶层来说，税负并不是太大的问题。在当时的人看来，贵族更多的是通过慷慨的捐赠而非纳税来为帝国做贡献（尽管他们并没有被免于征税）。[40] 法国学者长期以来使用罗马"惠赠"（évergétisme）的概念来表述贵族的捐赠行为。这

---

[40] Wickham, *Framing the Early Middle Ages*, p. 71.

个词来源于希腊语。[41] 帝国收入中的很大比例被用于支付军饷，士兵的数量巨大：吕底亚人约翰（John Lydus）说戴克里先时代的陆军有389 704 名士兵、舰队有 45 562 名海员；[42] 6 世纪的拜占庭史学家左西莫斯（Zosimus）在描述 312 年内战时说有 581 000 名士兵参与；[43] 根据《职官录》（*Notitia Dignitatum*）中关于 4 世纪末或 5 世纪初的军官和兵团分布的证据，[44] 那时的军队人数估计在 40 万—60 万，[45] 而当时的总人口约为 5500 万。然而，这些数据都是估测，即便吕底亚人约翰和左西莫斯给出的是确数，他们也只是针对某个特定的时期，而基于《职官录》的估算需要把兵团维持兵力的程度纳入考虑。此外，对罗马帝国总人口数的估算数据也多种多样，低至 2000 万，高至两亿。[46] 我们不必太在意具体数目，但罗马军队确实规模巨大（每 10 名成年男性中或许就有 1 位军人，更有可能的是，军人在人口中的比例接近百分之一），这一点我们之后还会反复提及。维持如此多的士兵是一个大问题，因此，毫不奇怪，军事人力资源的议题常常出现在帝国立法中。[47] 一种解决方案是以各种名目招募蛮族进入军队，包括：职业士兵（很多蛮族职业士兵获得了最高的军事官衔）、联盟军，以及（对被罗马人击败的蛮族群体来说）经常被部署于边境的归降军（被称作 *laeti* 或 *dedicitii*）。[48] 尽管没有证据表明，对蛮族的征召造成了军事标准的下降，[49] 但当时的人确

17

---

[41] Veyne, *Le pain et le cirque*.

[42] Jones, *The Later Roman Empire*, pp. 679, 1279-1280.

[43] Treadgold, *Byzantium and its Army, 284-1081*, p. 53.

[44] Jones, *The Later Roman Empire*, pp. 680-683.

[45] Ibid., p. 683; Duncan-Jones, *Structure and Scale in the Roman Economy*, pp. 105-117; Treadgold, *Byzantium and its Army, 284-1081*, pp. 44-59; Elton, *Warfare in Roman Europe, AD 350-425*, p. 89; Heather, *The Fall of the Roman Empire*, p. 63.

[46] Ward-Perkins, "Land, Labour and Settlement", p. 320. 关于拜占庭东部，见 Haldon, *Warfare, State and Society*, pp. 107-115。

[47] *Codex Theodosianus*, VII, 13; VII, 18.

[48] Jones, *The Later Roman Empire*, pp. 613-623; Lee, "The Army", pp. 222-224; Whittaker and Garnsey, "Rural life in the Later Roman Empire", pp. 279-280; Halsall, *Barbarian Migrations and the Roman West 376—568*, pp. 149-150.

[49] Lee, "The Army", pp. 223-224.

实表现出了对军队蛮族化问题的忧虑，韦格蒂乌斯（Vegetius）的《论军事》[50] 和昔兰尼加主教西奈修斯（Synesius of Cyrene）的《论王制》（De Regno）都对这个问题有所表达。[51]

　　募兵，尤其是针对蛮族的招募并非唯一的军事问题。军事将领的野心对政权制造威胁，是贯穿罗马史的主题，4—5 世纪也不例外。最终演化为内战的情况在晚期罗马时代时常发生。在 305 年戴克里先与马克西米安隐退后，君士坦丁（306—337 年在位）通过一系列内战建立了自己的统治。在罗马帝国西部，篡夺皇位的尝试在 4 世纪时有发生，5 世纪时依然还有，如马格南提乌斯的叛乱（350—353年）、马格努斯·马克西穆斯的叛乱（383—388 年）、尤金尼乌斯的叛乱（392—394 年）、君士坦丁三世的叛乱（407—411 年）和约翰尼斯的叛乱（423—425 年）。从瓦伦提尼安三世被杀（455 年）到二十一年后罗慕路斯·奥古斯都路斯遭到罢黜，每一皇帝在短暂的在位期间都受到过篡位的挑战（事实上，在此期间没有一位皇帝在位过五年）。有趣的是，一部几乎可以肯定撰写于拉文纳西罗马朝廷的年代记残篇（411—412、421—423、427—429、434—437、440—443 和 452—454 年的条目传世），明显把意图篡位者引发的问题，视为是 5 世纪初帝国困境的主要原因。这部年代记的唯一一份存世抄本是在加洛林时代根据晚期罗马祖本小心誊录的，祖本的书写风格和插画都得以保存。在这些插画中，每位失败的叛乱者的首级都被插于杆上示众。[52]

　　然而，在 5 世纪的大部分时间里，与意图篡位者的挑战相比，主要将领介入的权力竞争是更严重的问题。这些将领包括斯提利科（死于　18

---

[50]　Vegetius, *De re militari*, I, 28, trans. Milner, pp. 27-28, 其评论在 pp. xxix-xxx。

[51]　Synesius, *De Regno*, 19, PG 66, cols. 1099-1100 (online trans. at livius.org).

[52]　Bischoff and Koehler, "Eine illustrierte Ausgabe der spätantiken Ravennater Annalen", pp. 127-129.

408 年)、埃提乌斯（死于 454 年）和李希梅尔（死于 472 年），他们并没有尝试夺取帝位，而是满足于自己的高级军事职务，特别是大将军（*magister militum*）的头衔。他们尝试以大将军的身份掌控西罗马皇帝和西部帝国的运数。[53] 事实上，我们有理由认为，在皇帝提奥多西一世（379—395 年在位）去世后的八十年间，对大将军与其他主要将领头衔的竞争，是帝国在应对蛮族问题上失利的关键因素；因竞争重要官职而造成分裂，其产生的影响甚至更加深远。[54]

对吉本来说，更为重大的分裂是罗马与君士坦丁堡之间的"君权的分割"。[55] 分割帝国当然是为了解决另一个问题：要统治一个疆域几乎是东至美索不达米亚、西抵大西洋、北至哈德良墙、南抵撒哈拉沙漠的政治实体，难度实在太大了。但通过分割帝国来解决此问题的前提是所有皇室同辈通力协作。戴克里先尝试通过建立"四帝共治"来确保合作，但在他自己从皇位上退下后，这个体制很快就崩盘了，随之而来的是内战时代的开启，直到君士坦丁于 324 年取得对整个罗马世界的统治。之后的帝国分割在效果上也没强多少。在一些关键的时刻，皇帝们没有或没有得到机会为其他皇帝提供帮助，例如，瓦伦斯（364—378 年在位）在 378 年决意不等待他的侄子格拉提安（367—383 年在位）从西部帝国派来的支援，而选择在哈德良堡独自迎战西哥特人。[56] 西部的大将军斯提利科未能成功应对 4 世纪 90 年代抵达西部帝国的西哥特人和之后在 406/407 年跨过莱茵河的汪达尔人、阿兰人和苏维汇人，其原因之一就是西部朝廷和东部朝廷之间的竞争。[57] 因为先后与东部帝国的皇帝阿尔卡迪乌斯（383—408 年在位）的两位

19

---

[53] O' Flynn, *Generalissimos of the Western Roman Empire*; McEvoy, *Child Emperor Rule in the Late Roman West, AD 367-455*.

[54] Delaplace, *La fin de l'Empire romain d'Occident*.

[55] 目前可见 *Two Romes*, ed. Grigg and Kelly。

[56] Lenski, *Failure of Empire*, pp. 356-367.

[57] Cameron, *Claudian: Poetry and Propaganda at the Court of Honorius*, pp. 63-92, 124-188.

谋臣鲁菲努斯（Rufinus）和尤特罗庇乌斯（Eutropius）有隙，斯提利科经常受到君士坦丁堡朝廷的挑战而非得到支持。正如吉本注意到的，"君士坦丁堡的建立"和"君权的分割"应当被视为西罗马帝国灭亡的因素。

第二章　蛮族："日耳曼和斯基泰蛮族的入侵和定居"

在吉本特别列出的两个衰亡成因中，蛮族在西罗马帝国崩溃中扮演的角色，在学者中引发的分歧大过其他所有原因。"二战"之后，尤其在法国，很多学者坚定地把罗马帝国的灭亡归咎于蛮族，这在琼斯的《晚期罗马帝国》中也有所体现，尽管方式上更为克制。[58] 不过，迈克尔·华莱士－哈德里尔出版于 1952 年的《蛮族西部世界（400—1000年）》，却不太倾向于把帝国的衰亡归因于日耳曼民族。华莱士－哈德里尔把从 4 世纪末到 6 世纪初的历史事件浓缩进一章之中，把更大的篇幅留给了伦巴德人在意大利、法兰克人在高卢，以及（在第三版中）西哥特人在西班牙的建树。[59] 书中反复出现的主题不是崩溃，而是"罗马性"（*romanitas*）的遗存或恢复。大约同一时间，爱德华·汤普森对早期蛮族社会也提供了细致、在很多方面富于同情的分析。在马克思主义史观的指导下，他探索了日耳曼民族在民族大迁徙时期经历的社会分化进程。[60]

然而，对蛮族推翻罗马帝国的观念的真正挑战，来自 1980 年以降

---

[58] Jones, *The Later Roman Empire*, p.1068; Cameron, "A. H. M. Jones and the End of the Ancient World", p. 234.

[59] Wallace-Hadrill, *The Barbarian West*.

[60] 特别见 Thompson, *Romans and Barbarians*。正如克里斯·魏可汉指出的，汤普森可能比照的是恩格斯的《家庭、私有制和国家的起源》。

出现的一系列观点尖锐的论文和著作。作者瓦尔特·郭法特（Walter Goffart）通过包括质疑蛮族迁徙（*Völkerwanderung*）规模在内的方式，弱化了所谓的"日耳曼民族"的重要性。[61]郭法特的解读受到了激烈的挑战，特别是希瑟和沃德－帕金斯的质疑，尽管挑战取得的成效较为有限。[62]这两位学者提醒我们注意，即便进入帝国的蛮族数量不大，但依旧造成了帝国的实际崩溃。然而，蛮族的残忍行径和破坏局限于一定的地理范围之内，也只持续了较短一段时间。这并非否认破坏性的军事暴力是4—6世纪的基本主题，但很多暴力并非蛮族造成的。[63]汪达尔人、阿兰人和苏维汇人在407—409年从莱茵河向西班牙迁徙途中无疑造成了很大的破坏，这已在研究中得到了很好的描绘，[64]但是，高卢在418/419年出现了恢复元气的迹象，元老院贵族诗人鲁提里乌斯·纳马提亚努斯（Rutilius Namatianus）将之表述为著名的"复兴"（*ordo renascendi*）。[65]在西班牙西北部，蛮族的到来所造成的危机比在罗马帝国西部的绝大多数其他地区都要持久。叙达提乌斯（Hydatius）主教于5世纪中叶撰写的编年史记录了西班牙经历的危机。叙达提乌斯对侵略者怀有极端的敌意，尤其是对定居于昔日的加利西亚行省的苏维汇人。[66]然而，苏维汇王国在6世纪下半叶时已是重要的宗教文化中心，布拉加主教马丁（Martin of Braga，580年去世）和杜米奥修道院修士帕斯卡修斯（Paschasius of Dumio，583年去世）的作品足以证明这一点。对马丁在杜米奥的修道院、孔布拉（Coimbra）的大殿，特别是位于

---

[61] Goffart, *Barbarians and Romans AD 418—584*; 另见 Goffart, *Barbarian Tides*。

[62] Heather, *The Fall of the Roman Empire*; Ward-Perkins, *The Fall of Rome and the End of Civilization*.

[63] Shaw, "Rome's Mediterranean World System and its Transformation" 强调暴力对罗马帝国转型的历史意义。

[64] Heather, *The Fall of the Roman Empire*, pp. 206–211.

[65] Rutilius Namatianus, *De reditu suo*; Matthews, *Western Aristocracies and Imperial Court*, pp. 329–351.

[66] Hydatius, *Chronicle*; Muhlberger, *The Fifth-Century Chroniclers*, pp. 193–266; Thompson, *Romans and Barbarians*, pp. 137–160.

法尔佩拉（Falperra）的王室卫城的考古发掘，似乎同样揭示了令人意想不到的"文明"程度。⑥⑦

当然，5世纪中叶时，罗马将领的内战和匈人的再度进攻，打断了鲁提里乌斯感受到的"复兴"。阿提拉在5世纪40年代对巴尔干城市的摧毁和在451年对高卢北部城市的蹂躏，可能比西哥特人、汪达尔人、阿兰人和苏维汇人的到来所造成的破坏，具有更加长期的影响：至少6—7世纪的作家们是如此暗示的。⑥⑧然而，尽管匈人的到来引发了如此大规模的恐怖，阿提拉带来的威胁并不持久，前后不超过十年。在高卢诸行省中，受阿提拉的攻击影响最大的是莱茵河与塞纳河之间的地区；土地面积更大的高卢西部和南部未受影响。当然，潘诺尼亚和默西亚（Moesia）的受损区域更广，这主要是因为西米乌姆（Sirmium）、辛吉都努姆（Singidunum）、玛古斯（Margus）和纳伊苏斯（Naissus）受到了劫掠。⑥⑨哥特人、匈奴人、斯拉夫人和保加尔人穿越巴尔干半岛的行军，可能对巴尔干造成了严重的破坏和混乱，这是其他地区在4—6世纪未曾经历的。

尽管阿提拉创造了一个规模庞大的军事联盟（在权力达至巅峰时，阿提拉率领的军队规模与其他任何蛮族军事领袖相比可能都要大得多），但对于匈人自身的数目究竟有多少的问题，我们应该保持谨慎。匈人的基地被认为是匈牙利平原。需要注意，匈牙利平原的很多区域要么是沼泽，要么很容易遭受洪灾，直到19世纪末才被排干。那里

---

⑥⑦ Thompson, *Romans and Barbarians*, pp. 161-187; Fontes, "A Igreja Sueva de São martino de Dume"; Silva de Andrade, *Arquitetura e paisagem monásticas no território bracarense. O caso de Dume*; Martínez Tejera, "Edilicia cristiana tardo-antigua en Conimbriga? La 'basílica paleocristiana' de la domus tancinus a debate"; J. Martínez Jiménez, "Crisis or Crises? The End of Roman Towns in Iberia, between the Late Roman and Early Umayyad Periods", pp. 84-85.

⑥⑧ Thompson, *The Huns*, pp. 86-102; Heather, *The Fall of the Roman Empire*, pp. 300-312; Kelly, *Attila the Hun*, pp. 90-98.

⑥⑨ Lee, "The Eastern Empire: Theodosius to Anastasius", p. 42; Whitby, "The Balkans and Greece, 420-602", pp. 704-712.

的大部分区域对骑马者来说并不理想，也不适于牧养马匹。[70] 此外，追随阿提拉的不是一个庞大的匈人游牧群落，而是一个军事联盟，在阿提拉死后不久这个联盟就分崩离析了。尽管并非所有人都同意郭法特关于蛮族入侵规模极小的判断，但绝大多数学者都认为有必要以精确的方式非常谨慎地分析关于蛮族入侵的证据。然而，近年来发生的事件不可避免地导致有些人以民粹主义式的无知方式，在4—5世纪的移民与今天的移民之间做比较，例如荷兰政客吉尔特·维尔德斯（Geert Wilders）[71] 和现代史学者尼亚尔·弗格森（Niall Ferguson）[72]。在这里我只想简单地说，欧洲当下的危机恰恰说明，先后在4世纪和5世纪前往罗马帝国定居的数以万计的蛮族，就其本身而言，完全做不到推翻罗马帝国。除非我们把两个世纪中所有进入罗马帝国的蛮族人数叠加在一起，不然移民的数目是达不到十万数量级的。罗马作家们更倾向于夸大而非低估蛮族的数目。他们声称有80 000勃艮第人抵达莱茵河畔（此事应发生在363年），而429年前往阿非利加的汪达尔人也是这个数目。我们关于勃艮第人的信息来自哲罗姆的编年史，奥罗修（Orosius）在他的史书中采信了哲罗姆提供的数字。[73] 无论抵达帝国边境的勃艮第人有多少，"学问家"苏格拉底（Socrates Scholasticus）在他的《教会史》中表示，在5世纪30年代对匈人的战役中，出战的勃艮第人只有3000人。[74] 而且，考古证据无法支持有多达80 000勃艮第人在5世纪40年代来到萨保迪亚（Sapaudia，日内瓦湖周边区域）定居的说法。[75] 80 000汪达尔人这个数目来自维塔主教维克多（Victor of Vita）。但维克多明确表

[70] Szende, "Stadt und Naturlandschaft im ungarischen Donauraum des Mittelalters", p. 383.
[71] 维尔德斯在大宪章基金会的年度演说（2011年3月25日）中对当下的移民潮与晚期罗马时代的民族迁徙之间做了比较。
[72] Ferguson, "Paris and the Fall of Rome", Boston Globe, November 16, 2015.
[73] Orosius, Historia adversus Paganos, VII, 32, 11.
[74] Socrates, Historia Ecclesiastica, VII, 30.
[75] Escher, Genèse et évolution du deuxième royaume burgonde (443–534): les témoins archéologiques.

示这个数目有耸人听闻之嫌，因为其中还包含妇孺和老人。[76]普罗柯比在讨论汪达尔人在阿非利加的情况时也用了相同的数字，但他也表示其中有夸张的成分，因为盖萨里克（Gaiseric）为实现号称 80 000 大军的效果，把追随他的汪达尔人和阿兰人分成 80 组，每组由一名千夫长（chiliarch）率领。普罗柯比还说，汪达尔人和阿兰人的总数在此之前只有 50 000，尽管他也表示，由于有别的蛮族的加入，人数应该有所增加。[77]

25

然而，就算我们接受盖萨里克麾下有 80 000 移民的说法，这个数目也并非真的很大。奥罗修说勃艮第人有 80 000 人之多，但他也说，波斯大王大流士在跨过多瑙河时损失的兵力就有 80 000。[78]大流士的部队据说共有 70 万强兵。这当然只是传说。但根据 7 世纪诗人皮西底亚的乔治（George of Pisidia），参与 626 年围攻君士坦丁堡的阿瓦尔人和斯拉夫人共有 80 000[79]——这还没算在博斯布鲁斯海峡另一侧的波斯人。除勃艮第人和汪达尔人的数目之外，我们关于 4—5 世纪进入帝国的蛮族人数只有"数量很大"之类的模糊说法，再就是根据已知事件进程所做的现代推测。例如，对西哥特人数目的计算，很大程度上是根据 378 年哈德良堡战役，参战的瑟文吉人（Tervingi）和格鲁森尼人（Greutungi）联军总数可能多达两万人。[80]从另一个角度来看 80 000 军人这个数目——文献中声称勃艮第人和汪达尔人的人数——，君士坦丁为刚建成的君士坦丁堡调拨免费粮食时，就是按这个人数配发

---

[76] Victor of Vita, *Historia Persecutionis*, I, 2; Merrills and Miles, *The Vandals*, pp. 52-54.

[77] Procopius, *Wars*, III, 5, 18-21.

[78] Orosius, *Historia adversus Paganos*, II, 6, 12.

[79] George of Pisidia, *De bello Avarico*, l. 219 (PG 92, col. 1277). Pohl, *Die Awaren*, p. 250 认为这个数字是可信的，但我们或许可以质疑，这么多人参与围城在军事运筹学的意义上是否是可行的。

[80] Heather, *Goths and Romans 332–489*, pp. 139, 146-147; Delbrück, *The Barbarian Invasions*, pp. 275-276, 296; Curran, "From Jovian to Theodosius", p. 98. 最完整的叙事重构是 Wolfram, *History of the Goths*, pp. 117-131。

的，[81] 这远少于奥古斯都时代罗马城接受粮食配给的人数（20 万），尽管罗马城的粮食配给人数后来下降到了 12 万左右[82]。

尽管蛮族人数不易估算，同时还存在陷入当下民众主义（populist）争论的危险，但我们还是可以在蛮族迁徙和当下的情况之间做一些有益的比较：2015 年，在土耳其有超过 229.11 万名寻求庇护者（他们被称为"临时保护受益人"），[83] 土耳其的总人口是 7900 万；同年，在德国有 44.3 万人申请庇护，德国的总人口超过 8000 万；[84] 在整个欧盟（总人口 5.07 亿），寻求庇护者的人数是 132.156 万。[85] 我们可以把这些数字与史书中的 80 000 勃艮第人和 80 000 汪达尔人比较，或是与汉斯·戴布吕克（Hans Delbrück）早先做出、但仍具说服力的 60 000 西哥特人（包括男女老少）[86] 进入罗马帝国的估算比较。罗马帝国 376 年时大概有 5500 万总人口（取平均值估算）。做这样的比较并非要介入当下的政治论辩，而是希望表明，罗马人本应能够应对这样规模的蛮族人口流入。如果有人提出，当下的移民并非军事化力量，而哥特人号称有 20 000 名（根据希瑟的估算）[87] 或 15 000 名战士（根据戴布吕克的估算）[88]，那我们可以反驳，4 世纪晚期的罗马军队数量通常被认为是 40 万—60 万，这意味着，罗马帝国的军事化程度远高于最先进的欧洲国家。[89]

如果非要说蛮族推翻了罗马帝国，那也是多种因素联合作用的结

26

[81] Jones, *The Later Roman Empire*, pp. 696–697, 1285–1286; 引自 Socrates, *Historia Ecclesiastica*, II, 13 (PG 67, col. 210)。

[82] Morley, "Population Size and Social Structure", p. 37.

[83] UNHCR figures: asylumineurope.org (accessed January 21, 2017).

[84] ec.europa.eu/eurostat/statistics-explained/index.php/Asylum_statistics.

[85] www.bbc.co.uk/news/world-europe-34131911: PewResearch-Center figures: pewglobal. org (accessed 21 January 2017).

[86] Delbrück, *The Barbarian Invasions*, p. 293.

[87] Heather, *Goths and Romans 332–489*, pp. 139, 146–147.

[88] Delbrück, *The Barbarian Invasions*, p. 293; 另见 Halsall, *Barbarian Migrations and the Roman West 376–568*, pp. 144–149。

[89] 数据参见 data.worldbank.org。

果：地方行政系统对 376 年突然出现的难民潮无力应对、由君士坦丁和罗马之间的敌对造成的政治意志的失效、罗马将领对同僚受困乐见其成，以及地主阶级不愿意伸出援手（具有警示意义的是，在整个现代欧洲和美国，都存在与以上绝大多数缺陷类似的情况）。然而，21 世纪初和 4—5 世纪的难民危机之间存在着一个非常鲜明的差别。上文中提到，《拉文纳年代记》对意图篡位者投入了充分的关注，但并未关注蛮族，尽管西哥特人、汪达尔人、阿兰人和苏维汇人那时正在帝国西部各处制造破坏。《拉文纳年代记》的一个条目记录了阿奎利亚在 452 年受到劫掠，这个事件本是与蛮族相关的，但《拉文纳年代记》中的记载（"阿奎利亚于 7 月 18 日被毁"）只字未提摧毁了城市的匈人。[90] 尽管在 5 世纪早期有大量作家确实论及了西哥特人、汪达尔人和苏维汇人所造成的破坏，[91] 但拉文纳的西罗马朝廷显然并没有把蛮族视为一个大问题。

　　换言之，4—5 世纪的入境蛮族确实给罗马帝国带来了压力，他们在哈德良堡战役中重创了皇帝瓦伦斯率领的东罗马军队——这次战败对罗马帝国的冲击持续了数代之久。[92] 但蛮族的威胁本身并不足以导致西罗马世界走向终结。要注意，哈德良堡之战是蛮族对帝国的唯一一场大胜，而战败的是东部帝国的军队。我们经常忘记，尽管最后灭亡的是西罗马帝国，但最先被攻破的其实是帝国的东北边境（即多瑙河下游边境），而最早被击败的其实是东部帝国的军队。

　　当西哥特人终于离开巴尔干时，君士坦丁堡的朝廷简直欣喜若狂。西哥特人在帝国西部制造了很多麻烦，但他们没有取得任何一场军事上的大胜（倒是不妨说，唯一的例外是 451 年在卡太隆尼平原

---

[90] Bischoff and Koehler, "Eine illustrierte Ausgabe der spätantiken Ravennater Annalen", p. 129.

[91] 相关文献被方便地、但未经批判地汇编于 Courcelle, *Histoire littéraires des grandes invasions germaniques*。

[92] Lenski, "*Initium mali Romano imperio*: Contemporary Reactions to the Battle of Adrianople"; Lee, "The Army", pp. 222–223.

[Catalaunian Plains] 对阿提拉的胜利);后来的蛮族军队也没有取得过军事上的大胜。无论如何,蛮族中极少有人想要摧毁帝国。绝大多数蛮族在穿越边境进入帝国前,已受罗马影响良久。[93] 这些蛮族希望在帝国中生活并从帝国获得好处。在率军攻陷罗马的阿拉里克一世死后,阿陶尔夫(411—415 年在位)继承他成为西哥特国王。关于他,有个著名的故事。据说阿陶尔夫曾考虑过用哥特政权(Gothia)取代罗马政权(Romania),但考虑再三后,他决定用哥特人的军队来支持罗马。[94] 不过,或许十分重要的是,无论是阿陶尔夫还是之后的东哥特统治者狄奥多里克,都没考虑过把蛮族部队编入罗马军。但是,在 476 年前,所有的蛮族群体(甚至包括汪达尔人和苏维汇人)都尝试在帝国内定居,季比宏家族(Gibichungs)统治下的勃艮第人甚至一直自视为帝国的代理人,直到他们在罗讷河谷的统治于 6 世纪 30 年代终结,[95] 那已是最后一位西罗马皇帝遭到罢黜的半个多世纪之后了。事实上,我们可以把从 476 年到查士丁尼的意大利战争之间的时段视为"拜占庭联邦"(Byzantine Commonwealth)时代。[96] 此外,考虑到招募士兵的问题,帝国本可以更好地利用蛮族提供的人力资源。问题并非出在蛮族身上,而是帝国的精英未能合理地应对蛮族的到来。构成这个帝国精英群体的皇帝、将领和元老院贵族都只专注于自己的利益,而非更大范围内国家的安危。

28

[93] Geary, *Before France and Germany*, pp. vi-viii; Wolfram, *The Roman Empire and its Germanic Peoples*, pp. 35-101; Halsall, *Barbarian Migrations and the Roman West*, pp. 149-161.
[94] Orosius, *Historia adversus Paganos*, VII, 43; Wallace-Hadrill, *The Long-haired Kings*, pp. 25-48.
[95] Wood, "The Germanic Successor States"; Wood, "When Did the Roman Empire Fall?"; Handley, "Inscribing Time and Identity in the Kingdom of Burgundy".
[96] Wood, "When Did the Roman Empire Fall?"

第三章　宗教与罗马世界的转型

我们直到现在都回避了"宗教"的话题。在吉本来看，"宗教"是"野蛮"之外西罗马帝国崩溃的另一个主因。我们之所以能够回避宗教问题，是因为对罗马帝国灭亡的社会、经济和政治阐释，一般都与对这一时期发生的宗教变迁的讨论井水不犯河水。尽管存在显著的例外，绝大多数学者还是倾向于要么讨论政治、经济和社会，要么讨论宗教和文化。正如我们已经看到的，罗斯托夫采夫对自己未能处理整个历史图景表示后悔。[97] 尽管这位俄裔史学家如此抱憾，但事实上，极少有学者能像吉本那样成功地同时处理这段历史的宗教面向和非宗教面向。[98] 甚至在他本人所处的时代，吉本把宗教问题置于对罗马帝国灭亡的阐释核心的做法也是不寻常的。他的法国先贤——其中尤其是顶尖的启蒙学者孟德斯鸠——极少谈到教会。此外，《罗马帝国衰亡史》在出版后和19世纪所遭遇的最猛烈的抨击，就是针对吉本在第15、16章中对基督教的负面描述[99]：相比宗教元素，他的叙述中的世俗元素获得了更积极的接受。然而，在19世纪中叶，一些学者，尤其是天主教学者明确以宗教问题为核心解读罗马帝国的终结，但他们的观点与吉本截然不同。

---

[97] Rostovtzeff, *The Social and Economic History of the Roman Empire*, p. xv. 目前可见 Cameron, "Education and Literary Culture"。

[98] 琼斯意识到了教会的重要性 (Gwynn, "Idle Mouths and Solar Heroes")，但总体而言，《晚期罗马帝国》中对此着墨不多。

[99] Pocock, *Barbarism and Religion*, vol. 5; *Religion: The First Triumph*, pp. 303-371.

这些学者中最重要的是在 19 世纪 40 年代写作的安托万 – 弗雷德里克·奥萨南（Antoine-Frédéric Ozanam）。[100] 对奥萨南来说，基督教并不是西罗马帝国灭亡的原因，而是肩负了拯救古典文明的责任。蛮族推翻了腐败的罗马帝国，但却没有提供替代品：因此，只能靠教会来挽救古代文明中有价值的成分，并将其铸进新的基督教模子之中。这种对罗马世界的终结充满灵修气质的解读，与对这一时段的世俗性解读——要么围绕罗马帝国的虚弱，要么围绕蛮族的强力——并行不悖，但对后者罕有影响。19 世纪和 20 世纪初时不时地出现这种宗教性的阐释，其最流行的表述体现在克里斯多夫·道森的《欧洲的形成》（出版于 1932年）中。[101] 就对 4—7 世纪的讨论而言，《欧洲的形成》几乎没在奥萨南的阐释外有任何推进。[102]

　　尽管奥萨南和之后的道森将基督教史整合于罗马帝国灭亡的历史——此种阐释有效地反转了吉本的解读——，但绝大多数 20 世纪的教会学者选择把这两个主题分开。基督教的胜利发生在西罗马帝国的最后几个世纪，但这两套叙事很少被结合起来。并非是基督教史研究缺乏对历史语境的关照，而是我们考察基督教史的语境通常都是文化语境，而非社会或经济语境。我们可以在亨利 – 伊雷内·马鲁（Henri-Irénée Marrou）出版于 1938 年的《圣奥古斯丁与古代文化的终结》（*Saint Augustin et la fin de la culture antique*）中清楚地看到这一点。这本著作以几乎令人震惊的方式，把这位教父置于一个干涸的智识世界中，罗马教育体系的传统令奥古斯丁感到窒息。这本书的第二版添加了一个补正（*Retractatio*），马鲁在其中承认自己先前的解读太过消极了。[103] 然而，　33

---

[100]　Ozanam, *Études Germaniques pour servir à l'histoire des francs*; Ozanam, *La Civilisation au Cinquième Siècle*; Wood, *Modern Origins of the Early Middle Ages*, pp. 140-147.

[101]　Dawson, *The Making of Europe 400-1000 AD*.

[102]　Wood, *Modern Origins of the Early Middle Ages*, pp. 270-274.

[103]　Marrou, *Saint Augustin et la fin de la culture antique*; 见第二版添加的补正。

直到布朗的《希波的奥古斯丁：一部传记》在 1967 年面世，[104] 马鲁的历史图景才真正受到挑战，尽管布朗对马鲁颇有心意相通之感。四年之后出版的《古代晚期的世界》提供了更开阔的历史阐释。[105] 读者在布朗的书中面对的是一个新鲜而充满悸动的古代晚期社会，而非陈腐、压抑的晚期帝国。马鲁本人在他后来的作品中也愿意接受这种正面的历史意象。[106]

尽管布朗在《古代晚期的世界》和《西方基督教世界的兴起》中也会论及更宽泛的政治进程，但他的大多数作品主要是围绕"宗教与社会"问题展开的。罗伯特·马库斯（Robert Markus）的研究也是如此，特别是他的著作《古代基督教的终结》（*End of Ancient Christianity*）。[107] 除了后来撰写的大部头著作外，布朗对"宗教与社会"问题的关注在他发表于 20 世纪 60—70 年代的一系列文章中已初见端倪。[108] 他近期的著作《穿过针眼》（*Through the Eye of a Needle*）同样以此为核心主题。[109] 尽管这部著作的副标题是"财富、西罗马帝国的衰亡和基督教会的形成，350—550 年"，但布朗关心的主要问题与他的其他研究一样，并非政治变迁，而是社会与宗教的互动，[110] 虽然财富、富人和穷人在书中受到了颇为仔细的考察，主焦点依旧是社会而非经济。

布朗坚持认为宗教史和社会史不可分离，然而令人惊讶的是他的历史解读极少被纳入对社会－经济变迁的整体研究框架。[111] 在以政治为主线的历史叙事中，除了教义问题直接影响政治的历史时刻，宗教也

---

[104] Brown, *Augustine of Hippo*.

[105] Brown, *The World of Late Antiquity*; 见 "So Debate"。

[106] Marrou, *Décadence ou antiquité tardive? IIIe–VIe siècle*.

[107] Markus, *The End of Ancient Christianity*.

[108] 关于这些论文，见 Brown, *Religion and Society in the Age of Saint Augustine*; Brown, *Society and the Holy in Late Antiquity*。

[109] Brown, *Through the Eye of a Needle*.

[110] Wood, " 'There is a World Elsewhere' ", pp. 23–24.

[111] 尽管有以"大格里高利时代的宗教和社会"和"希拉克略、波斯与圣战"为题的章节，但宗教在萨里斯（Sarris）的《信仰帝国》（*Empires of Faith*）一书中仅是一个间歇出现的议题。将社会－经济解读与宗教解读并置的做法，参见 Shaw, "Rome's Mediterranean World System and its Transformation"。

很少扮演重要角色。[112] 关于晚期罗马帝国和后帝国时代数量巨大的研究确实经常包含一个关于教会或基督教的章节。[113] 迈克尔·麦考密克（Michael McCormick）在对交流和贸易的研究中，对朝圣和圣骸交易有很多讨论。[114] 然而，如果我们一面考察 5—6 世纪的政治经济史，另一面考虑宗教和文化史，会经常感觉仿佛是两个平行世界。在我看来，我们所面对的这个史学史问题，并非是在 4—6 世纪的多种解读中决定究竟哪一种是正确的，因为每一种解读都有一定的证据基础（其中一些解读极好地扎根于原始材料），而是要去弄清楚这些解读之间是如何相互关联的：这是一个关于整合的问题。对于吉本来说，"宗教与野蛮"同时发挥了作用。与其他因素一道，两者共同推动了被今天的很多学者视为"罗马世界的转型"的历史进程。然而，研究这一时段的很多学者满足于接受罗马帝国的灭亡和继承政权的缔造的基本叙事，不了解基督教在文化和宗教方面取得的巨大成就是情有可原的（尽管绝大多数的文本证据都是教会作家留下的）；同时，很多宗教史研究者不熟悉晚期教会的社会经济语境也是情有可原的（尽管现在有那么多关于后罗马社会的研究存在）。在本书之后的章节中，我会尝试探索一些方式，把宗教和教会重新整合于迄今为止以世俗色彩为主的话语。[115]

34

---

[112] O' Donnell, *The Ruin of the Roman Empire* 在教义问题上比绝大多数学者谈得更多——考虑到作者之前对奥古斯丁和卡希奥多鲁斯的研究，这并不奇怪。另见 Hunt, "The Church as a Public Institution"；然而，Cain and Lensky, *The Power of Religion in Late Antiquity* 一书中对政治和经济主题的相对忽视令人感到吃惊。

[113] 比如见 Wickham, *The Inheritance of Rome*, pp. 50-75。

[114] McCormick, *Origins of the European Economy*, pp. 129-138, 197-210, 283-318.

[115] Haldon, *The Empire that would not Die*, pp. 12-15, 79-158; Shaw, "Rome's Mediterranean World System and its Transformation".

第四章 宗教:"基督教的兴起、确立和内讧"

接下来要讨论的问题源发于吉本,让我们从他认为基督教导致罗马帝国衰亡的那些方面开始讨论。要注意,吉本在他称作"纯粹和谦卑的宗教"和从中发展出的"卡皮托利尼山废墟上飘扬的十字架的胜利旗帜"之间做了区分,[116]并把后者与"迷信"联系在一起。因此,要理解在吉本看来教会在4—5世纪扮演的负面角色,我们需要抓住他的具体批评。在"关于罗马帝国在西部灭亡的总体观察"一章中,吉本宣称,"教士成功地宣讲了忍耐和怯懦的教义";"很大一部分公共和私人财富"——包括"军人的军饷"——"被用来满足以爱和虔敬为名的虚假需求";"教会,甚至是政权,因宗教分歧而被牵扯精力";"皇帝们的注意力从军营被转移到了宗教会议"。吉本还声称,"主教在1800个讲道坛上灌输消极服从的义务";"修士神圣的懒惰在一个奴性而柔弱的时代受到欢迎"。不过,吉本确实承认,"如果说君士坦丁的皈依加速了罗马帝国的衰落的话,他的胜利的宗教也缓冲了帝国灭亡带来的暴力……"[117]接下来,我将把吉本的论点重新分组,考察他认为基督教在哪些方面削弱了国家;之后讨论宗教分歧造成的精力牵扯(吉本所谓的内讧,以及宗教会议的重要性);然后再转向一些能够量化分析的问题:

---

[116] Gibbon, *Decline and Fall*, chap. 15.
[117] Ibid., chap. 38: "General Observations on the Fall of the Roman Empire in the West".

30

教会人士的数量和用于支持教会的资金。因为最后这些问题在某种程度上可以通过事实和数字的方式加以研究，我们将通过它们把教会（即"宗教问题"）置于通常被呈现为纯粹世俗历史的中心。

吉本的第一条控诉最容易反驳。他的专注于"拯救"会导致尚武精神失落的看法，显然来自于奥古斯丁的认为上帝之城（ *Civitas Dei* ）比地上之城（ *Civitas Terrena* ）重要的观点。[⑱]然而，奥古斯丁的观点并非当时唯一的声音。正如雅罗斯拉夫·帕利坎（Jaroslav Pelikan）在一本小书《最好的帝国》（ *The Excellent Empire* ）中注意到的（不知为何，很多历史学者不太知道这本书），早在2世纪末，特图良（Tertullian）就坚持认为，基督徒应该为皇帝、帝国的安定和罗马祈祷。[⑲]尤西比乌斯对君士坦丁的基督教帝国的想象，显然不是为了削弱这个帝国。[⑳]4世纪中叶的拜占庭教会史家索佐门（Sozomen）和苏格拉底记载了410年罗马城的陷落，但他们同样也把同一时期东罗马皇帝提奥多西二世的成功视为受上帝认可的体现。[㉑]与他们身处同一时代的帝国西部作家萨尔维安，尽管呼吁真正的基督教生活方式，但也坚决认为社会上层没有很好地履行他们的政治与社会义务；也就是说，萨尔维安希望在更好地遵守基督教诫命的同时，帝国可以维持下去。[㉒]

当然可以反驳说，基督教中有一脉和平主义思想，这体现在数量巨大的圣徒传中，比较著名的例子是拒绝服从军令的底比斯军团（Theban Legion）士兵殉道士的传说，[㉓]以及确凿无疑的历史人物圣马丁大张旗

39

---

⑱　Markus, *Saeculum*.

⑲　Pelikan, *The Excellent Empire*, pp. 46–48.

⑳　Ibid., pp. 72–75; Maier, "Dominion from Sea to Sea: Eusebius of Caesarea, Constantine the Great, and the Exegesis of Empire"; van Nuffelen, "Theology versus Genre? The Universalism of Christian Historiography in Late Antiquity"; *Eusebius of Caesarea: Tradition and Innovation*, ed. Johnson and Schott.

㉑　Pelikan, *The Excellent Empire*, pp. 67–76.

㉒　Salvian, *De Gubernatione Dei*; Salvian, *Ad Ecclesiam*; Brown, *Through the Eye of a Needle*, pp. 433–453.

㉓　这两种 *Passiones Acaunensium martyrum* 最好的文本可见 http://passiones.textandbytes.com。

鼓地离开军队的故事。[124] 马丁确实放弃了军旅生涯。然而，即使被认为发生在 286 年的底比斯军团的故事很有可能是虚构的，我们还是有必要强调，这个故事的主题并非拒绝作战，而是一支基督徒组成的队伍拒绝杀戮他们的信仰同道。此外，有学者提出，这个传说出现于 4 世纪 90 年代早期，其历史语境是提奥多西一世与通过篡位上台的皇帝尤金尼乌斯之间的军事冲突，后者被认为对多神教信徒持友善态度。[125]

事实上，大量甚至大多数晚期罗马时代的士兵圣徒都是伪造的。[126] 对他们的崇拜绝不是为了呈现军事与基督教之间的敌对，而是反映了把基督教呈现为军队的宗教的热忱。此外，早在 5 世纪就有关于教士涉身军事事务的证据，尽管他们介入战事的程度和频度无法与加洛林时代的主教们相比。根据里昂的君士坦提乌斯（Constantius of Lyon），欧塞尔主教日耳曼努斯（Germanus of Auxerre）在不列颠参与了 430 年前后对撒克逊人的战役。[127] 与信仰多神教的前任们相比，基督徒皇帝没有明显地表现出不好战或是更不残忍：[128] 暂且不论他们的拜占庭继任者，君士坦丁、君士坦提乌斯二世（337—361 年在位）、瓦伦提尼安一世（364—375 年在位）、瓦伦斯、提奥多西一世和马约里安（457—461 年在位）都是军人皇帝。

40 皇帝们的基督教信仰，特别是君士坦丁、提奥多西，以及东部帝国的马西安（450—457 年在位）和查士丁尼（527—565 年在位），意味着教会不太可能被谴责削弱帝国；事实上，基督教很快成为了帝国的意识形态核心。我们当然可以随时回想起《马太福音》中基督的话："属于凯撒的东西应该给凯撒，属于上帝的东西应该给上帝。"[129] 简而言之，

---

[124] Sulpicius Severus, *Vita Martini*, 3–4.

[125] Woods, "The Origin of the Legend of Maurice and the Theban Legion."

[126] Delehaye, *Les légendes grecques des saints militaires*; Binon, *Essai sur le cycle de saint Mercure*; Haldon, *A Tale of Two Saints*.

[127] Constantius, *Vita Germani*, 17–18.

[128] Liebs, "Unverhohlene Brutalität in den Gesetzen der ersten christlichen Kaiser".

[129] Matthew 22:21; 另见 Mark 12:17。

吉本认为基督教给罗马人灌输了一种消极怯懦的思想,这种观点是经不起验证的,尽管,众所周知,富有而虔诚的贵族梅兰尼娅(Melania)和皮尼亚努斯(Pinian)在 408 年逃离罗马以躲避西哥特人的威胁,[130]高卢贵族贺诺拉图斯(Honoratus)和他的同伴在汪达尔人肆虐高卢后不久,于 410 年前后一同隐退至地中海小岛勒兰(Lérins),并在那里创建了一个修道团体。[131]

---

[130] Gerontius, *Life of Melania*, p. 18; Brown, *Through the Eye of a Needle*, pp. 291-300.
[131] 关于日期,参见 Valentin, *Hilaire d'Arles, Vie de saint Honorat*, p. 22; Brown, *Through the Eye of a Needle*, pp. 419-423。

第五章　对罗马帝国灭亡的宗教回应

　　针对高卢和西班牙各地所遭受的破坏和西哥特人在意大利的暴行的回应，确实有宗教性的一面。一些多神教徒把410年蛮族攻陷罗马归咎于对旧神的抛弃，而一些基督徒则将灾难视为上帝对这个有罪的世界的正义惩罚。我们只需提及罗马城陷落后不久哲罗姆和伯拉纠（Pelagius）撰写的书信，和奥古斯丁所宣讲的布道辞，[⑫] 以及这位希波主教随后在《上帝之城》所做出的更为体大思精的回应[⑬]。奥罗修反转了多神教徒的观点：上帝以破坏惩处忘恩负义的罗马城，罗马广场的主要损坏是由传达神意的雷电造成的，所有的偶像都被摧毁了。[⑭] 即便如此，在奥罗修看来，发生在410年的三日劫掠，与罗马建城后第700年（即公元前54/53年）经历的大火摧残相比不值一提，[⑮] 更不用说尼禄统治期间爆发了长达六天的火灾，[⑯] 或是布伦努斯（Brennus）约在公元前

---

⑫　Jerome, epp. 122, 123, 126, 127, 128, 130; Pelikan, *The Excellent Empire*, pp. 43-52; Pelagius, ep. to Demetrias, 30, 1 (Pl XXX); de Bruyn, "Ambivalence within a 'Totalizing Discourse'"; Salzmann, "Memory and Meaning: Pagans and 410", pp. 295-301. 关于罗马城的陷落，参见 Meier and Patzold, *August 410—ein Kampf um Rom*; and *The Sack of Rome in 410 AD*, ed. Lipps, Machado, and von Rummel。

⑬　Brown, *Augustine of Hippo*, pp. 287-312.

⑭　Orosius, *Historia adversus Paganos*, II, 19, 15; and VII, 39, 18. 关于奥罗修对罗马城陷落的叙述，参见 Meier, "Alarico—le tragedie di Roma e del conquistatore", and Mclynn, "Orosius, Jerome and the Goths".

⑮　Orosius, *Historia adversus Paganos*, VI, 14, 5; and VII, 2, 10-11; 39, 15.

⑯　Ibid., VII, 7, 4; 39, 16.

399 年对罗马城长达六个月的围城和最终的彻底劫掠。[137]无论如何，众所周知的是，在阿拉里克下令向圣彼得的教会归还"神圣器物"后，哥特人的劫掠演变成了一场宗教游行。[138]

我们需要在此处稍作停留，考察一下 4—6 世纪时一些与帝国及其灭亡相关的观念。毫无疑问，尤西比乌斯提出了一个非常积极的观点，他认为罗马帝国代表了基督教史的实现。在东部帝国，他的这种观点受到了不同方式的改编，以适应 5 世纪的历史进程[139]——提奥多西二世（401—450 年在位）和马西安的统治依旧可被归于基督教帝国的胜利。在帝国西部，尽管尤西比乌斯的编年史经由哲罗姆的翻译，获得了比在帝国东部更大的知名度，人们却更加难以认同尤西比乌斯对基督教帝国的观点。毫不奇怪，这一时期的很多编年史带有一种末世论论调，这最明显地体现在叙达提乌斯主教于 4 世纪中叶在西班牙西北部写作的编年史中。[140]这种论调在哲罗姆对罗马城陷落的反应中已有显现，[141]尽管它并不见于奥古斯丁对这一历史事件的回应。

与一些教会作家的千禧年观相比，学者们更少意识到，罗马帝国行将崩溃的观念在 410 年之前很久就存在于多神教思想之中。[142]根据李维的《罗马史》和其他一些早期史家记载的一桩轶事，在罗慕路斯和雷穆斯营建罗马城时，雷穆斯看到了六只秃鹫，而他的兄弟则看到了十二只。[143]依照《西卜林书》（Sybilline books）中的神谕，这个故事被阐释为罗马将持存 12 个世纪。按照这则预言故事的逻辑，罗马城将在 5 世纪 40 或 50 年代（取决于对罗马建城时间的不同计算方式，当时并非

44

---

[137] Orosius, *Historia adversus Paganos*, II, 19, 7–16.
[138] Ibid., VII, 39, 3–14.
[139] Pelikan, *The Excellent Empire*, pp. 67–77.
[140] Muhlberger, *The Fifth Century Chroniclers*, pp. 193–266.
[141] Pelikan, *The Excellent Empire*, p. 45.
[142] 这在罗马宗教史学者中广为人知，但极少在围绕罗马衰亡的争论的语境中被提及。见 Stanley, "Rome, 'ΕΡΩΣ and the *Versus Romae*"；另见 Wood, "When Did the West Roman Empire Fall?"
[143] 故事的不同版本，参见 Levene, *Religion in Livy*, pp. 129–131。

只有公元前 753 年这一种说法）灭亡。[144] 这种预期的影响力已经严重到斯提利科不得不在 405 年下令销毁《西卜林书》，以禁止对该问题的更多议论。[145] 然而，在史料文献中，秃鹫的典故直到 455 年还在流传。西多尼乌斯·阿波利纳里斯（Sidonius Apollinaris）似乎花费了很多力气来压制瓦伦提尼安三世的被杀意味着《西卜林书》预言实现的说法：在 456 年为皇帝阿维图斯所做的颂诗中，西多尼乌斯坚定地表示，尽管存在罗慕路斯的十二秃鹫之说，帝国仍然处在繁荣昌盛中。[146] 然而，"秘书官"马尔切利努斯（Marcellinus *Comes*）的编年史依旧反映了罗马将在 454 年灭亡（根据一种算法的罗马建城 1200 周年）的预言。众所周知，马尔切利努斯把西部帝国的灭亡定年于 476 年，但他在描述埃提乌斯遭到谋杀时所使用的词汇，与他对之后事件的描述十分相似：关于 454 年埃提乌斯之死，马尔切利努斯写道，"西部王国随他而亡"（*cum ipsum Hesperium cecidit regnum*）；关于小罗慕路斯的罢黜，他的说法是"罗马民族的西部帝国……随这位奥古斯都路斯灭亡"（*Hesperium Romanae gentis imperium ... cum hoc Augustulo periit*）。[147] 显然，君士坦丁堡方面对事件的末世论解读，在西部帝国灭亡后很久还在持续。[148]

45

事实上，史料为我们提供了当时人认为西罗马帝国灭亡日期的多种说法——根据有些说法，西罗马帝国在 6 世纪才灭亡。[149] 例如，统治勃艮第的季比宏家族一直自视为帝国的代理人，直到 6 世纪 30 年代被法兰克人所灭。[150] 然而，对那些相信西卜林神谕的人来说，那时距离他们认为帝国将倾的时间已过去约八十年了。

---

[144] Momigliano, "The Origins of Rome", p. 82.

[145] Rutilius Namatianus, *De Reditu Suo*, II, 11. 41–42, pp. 824–825; Cameron, *The Last Pagans of Rome*, p. 213.

[146] Sidonius Apollinaris, *Carm*. VII, 11. 357–358.

[147] Marcellinus *Comes, Chronicle*, s.a. 454, 476, trans. Croke, pp. 22, 27.

[148] Brandes, "Sieben Hügel"; Brandes, "Kaiserprophetien und Hoch-verrat".

[149] Wood, "When Did the West Roman Empire Fall?"

[150] Ibid.; Handley, "Inscribing Time and Identity in the kingdom of Burgundy".

第六章　教义分裂

从多神教徒和基督徒关于罗马城陷落原因的不同理解，转向基督徒内部的争论——吉本所说的"基督教的内讧"——，没人可以否认，4—6世纪被教义冲突弄得四分五裂。这是界定正统教义的关键时期，因此必然也是将持不同教义者认定为异端的关键时期。即便不考虑次要异端，我们也能举出阿里乌派、多纳图派、百基拉派、伯拉纠派、聂斯托里派和一性论派，这些教义主张在君士坦丁皈依后的三个世纪中造成了剧烈的冲突。关于罗马帝国灭亡的一些（尽管并非全部）现代史论把这些教义论争整合于它们的历史叙事。

教会史学家自然不会忽视教义的重要性或公会议的历史意义，这些话题近年来吸引了很多学者的注意。不过，20世纪70年代的学者比今天的学者更强调教义论争在更宽泛意义上的社会和政治意义。1972年，比尔·弗伦德（Bill Frend）出版了著作《一性论运动的兴起》。在这本书里，弗伦德明确把5—6世纪围绕基督本性的宗教论争置于解读早期拜占庭历史的中心。[151] 但其实早在1952年在对阿非利加多纳图派 的研究中，弗伦德就已经采用了类似的研究路数。[152] 弗伦德的观点引发了关于古代异端是否是宗教名义下的民族或社会运动的激烈学术讨

---

[151] Frend, *The Rise of the Monophysite Movement*.
[152] Frend, *The Donatist Church*.

论。^⑤绝大多数学者认为这场争论早有定论，根据弗伦德的表述显然是这样。但同样毫无疑问的是，5—6世纪围绕一性论的论争在东部帝国制造了旷日持久的分裂——查士丁尼尝试弥合这种分裂，但最终使情况进一步恶化。为了迎合卡尔西顿方案的一些批评者，这位皇帝谴责了索佐门、苏格拉底和依巴斯（Ibas）的作品，从而造成了"三章案"（Three Chapters）争议。这场争议不但使东西方教会一度分裂，而且它给西部世界带来的麻烦一直延续至7世纪。^⑤

当然，与弗伦德不同，吉本并没有从地区、"民族"或社会的角度看待那些在431年以弗所公会议和二十年后的卡尔西顿会议上围绕基督本性的争论。吉本的立场与古代晚期的教父作家们迥异，他单纯地觉得这些争论就是毫无意义的干扰。在他看来，正统信仰的议题制造了一种全新的关注，占据了皇帝们的注意力，同时也引发了大规模的冲突。由此而起的教义争论分散了政府的注意力、精力和资源。无论这些问题是否无关紧要，吉本认为它们都使皇帝无暇顾及其他政治、军事和社会问题，这个判断肯定是正确的。神学争论消耗时间、精力和资源。在君士坦丁之前，皇帝们不会对正统教义的细枝末节感兴趣。在325年尼西亚会议上，君士坦丁皇帝本人不得不亲自介入论争。即便不去讨论在这些大会上争论的教义本身（毫无疑问，这些争论占据49 了很多人的精力，并造成了很多巨大的分歧）而仅仅关注于召集这些会议所涉及的组织工作，我们就可以看到，这些宗教会议花费极高，需要大笔资源，同时还需要皇帝投入大量精力。根据亚历山大城主教阿塔纳修的记载，共有318名主教参加了尼西亚会议，今天的学者认为这个数字过高了，尤西比乌斯给出的数目（250人）被认为可能更确

⑤ Jones, "Were Ancient Heresies National or Social Movements in Disguise?"; Frend, "Heresy and Schism as Social and National movements"; Markus, "Christianity and Dissent in Roman North Africa"; *Heresy and Identity in Late Antiquity*, ed. Ircinschi and Zelletin, esp. Cameron, "The Violence of Orthodoxy".
⑤ *The Crisis of the Oikoumene*, ed. Chazelle and Cubitt.

切。[155] 尽管有些学者认为科尔多瓦主教霍西乌斯（Hosius of Cordoba）是会议的主持，但几乎没有帝国西部的主教被记载参加了这次公会议，虽然肯定有西部教会的代表出席。提奥多勒（Theodoret）还告诉我们，主教们及其随从的差旅和住宿都是由公费支付的。[156] 381 年，150 名正统主教和 36 名异端主教出席了君士坦丁堡公会议，可以确知其中没有帝国西部的主教。[157] 431 年的以弗所会议有 200—250 名教会人士出席，随从将领坎狄狄安（Count Candidian）还率领了一支大军坐镇。考虑到集会的论战属性，此举十分必要。[158] 二十年后，出席卡尔西顿公会议的主教人数比弗所会议翻了一番。[159] 与之前的公会议一样，几乎没有来自帝国西部的教会人士参加卡尔西顿会议。部分原因是，阿提拉当时对高卢的入侵使拉丁教会无暇他顾；另一个原因大概是，刚刚当上皇帝的马西安在召集会议时尚未得到西部皇帝瓦伦提尼安三世的承认。从以弗所会议和卡尔西顿会议中留存的文件来看，会议的召开需要极大规模的资源调配——包括世俗官员和军队在内——，但没有证据显示，这两个会议中的任何一个对西部帝国处理蛮族问题和它的政治崩溃产生任何影响。

卡尔西顿会议与卡太隆尼平原上对阿提拉的胜利发生在同一时段，这对我们是一个很好的提醒：5 世纪早期和中叶的基督论论争（聂斯托里派和一性论派）基本是东罗马的问题。[160] 事实上，阿奎丹的普罗斯佩尔（Prosper of Aquitaine）把卡尔西顿会议的召集时间记为 450 年，把关于会议决议的记述放在 453 年之下，为的是使自己可以在 451 年和 452 年的条目下记述阿提拉对高卢和意大利的入侵。[161] 与这些基督论异

50

---

[155] Williams, *Arius*, p. 67; Honigmann, "la liste originale des Pères de Nicée".

[156] Theodoret, *Historia Ecclesiastica*, I, 6.

[157] Hefele, *Histoire de Conciles*, II, 1, p. 5.

[158] Ibid., II, 1, pp. 290–301.

[159] Ibid., II, 2, pp. 665–669.

[160] Frend, "The Monks and the End and Survival of the East Roman Empire in the Fifth Century".

[161] Prosper, *Chronicle*, 1362, 1364, 1367, 1369, ed. Mommsen, pp. 481–482.

端形成对比的是，弗伦德早年研究的多纳图派论争几乎完全发生在帝国西部。这场 4 世纪北非的宗教冲突是围绕如何处理大迫害期间基督徒的背弃信仰行为而展开的。论争一直持续至 5 世纪。奥古斯丁也不得不面对这个问题，但论争被有效地控制在北非之内。[162] 即便是在北非，也没有证据表明，多纳图派论争加速了汪达尔人对阿非利加等行省的接管。

4 世纪 80 年代的百基拉派论争的焦点是苦行僧百基拉（Priscillian）对教会建制的卡里斯马式（Charismatic）挑战。这场论争同样也是西罗马帝国的事务，而且，通过篡位当权的皇帝马格努斯·马克西穆斯（383—388 年在位）也介入其中，[163] 但它几乎没有给西部帝国造成困扰，尽管马克西穆斯发动的内战无疑耗竭了帝国的资源。伯拉纠派论争浮现于 5 世纪的头十年中，使当时包括奥古斯丁和哲罗姆在内的顶尖拉丁神学家都忙于研讨神圣恩典和自由意志问题。[164] 伯拉纠派论争的反响也波及帝国东部。415 年，围绕它在圣地的老底嘉（Diospolis）举行了一场论辩；此后，伯拉纠派三年后在迦太基、431 年在以弗所被谴责为异端；它还引发了帝国立法。尽管如此，伯拉纠派基本上是属于帝国西部的异端。伯拉纠派的教义甚至直到 7 世纪在不列颠群岛上仍有遗存，但今天的学者不再如 J. N. L. 迈尔斯（J. N. L. Myres）和约翰·莫里斯（John Morris）一样，认为它在不列颠独立运动中扮演了核心角色。[165]

51　　阿里乌派可能是一个完全不同的问题，至少 4 世纪时是如此。[166] 苏尔皮奇乌斯·塞维鲁（Sulpicius Severus）在他写作于 404 年前后

---

[162] *The Donatist Schism*, ed. Miles.

[163] Chadwick, *Priscillian of Avila*; Natal and Wood, "Playing with Fire: Conflicting Bishops in Late Roman Spain and Gaul"; Burrus, *The Making of a Heretic: Gender, Authority and the Priscillianist Controversy*.

[164] Rees, *Pelagius: A Reluctant Heretic*.

[165] Myres, "Pelagianism and the End of Roman Rule in Britain"; Morris, "Pelagian Literature".

[166] 可见 *Arianism: Roman Heresy and Barbarian Creed*, ed. Berndt and Steinacher。

（刚好就在蛮族进入高卢前）的编年史中说，对正统派的亚历山大城宗主教阿塔纳修（Athanasius，328—373 年在任）的宗教攻击震动天下，教会像是染了病。[167] 但在 4 世纪末，阿里乌派造成的危机好像已经结束了。提奥多西和安波罗修（Ambrose）的时代标志了正统信仰的胜利。然而，研究 5—6 世纪的历史学者认为，进入帝国的大部分日耳曼蛮族的信仰取向标志着阿里乌派的复兴。[168] 就围绕 5—6 世纪西部世界的学术争论对教义问题的涉及而言，一个持续受到讨论的议题是，日耳曼入侵者的阿里乌派信仰，是否是他们未能同化于西欧的一个重要因素。在汪达尔人统治下的阿非利加、东哥特人统治下的意大利和西哥特人统治下的西班牙，确实在某些时刻爆发了阿里乌派统治者与受统治民众中的一些大公派信徒之间的激烈冲突。尽管如此，除汪达尔王国以外，几乎完全没有统治者迫害大公派信仰者的同时代证据。维塔主教维克多和后来的《路西比主教富尔根狄传》（Life of Fulgentius of Ruspe）的作者——要么是雷登普都斯（Redemptus），要么是弗伦都斯（Ferrandus）——显然认为宗教是身处汪达尔人统治下的阿非利加的罗马人遭遇问题的核心，但他们无疑严重夸大了迫害的广泛程度。[169] 同样，西哥特人统治下的西班牙发生的宗教迫害，主要记录在《梅里达教父列传》（Lives of the Fathers of Mérida）[170] 和图尔的格里高利的《历史十书》（Ten Books of Histories）中，但这两部作品都有特定的表达意图。事实上，对阿里乌派－大公派冲突的笼统意象，基本可以被看作是一种事后建构，图尔的格里高利是其最有力的塑造者。[171]

---

[167] Sulpicius Severus, *Chronicle*, 40, 3.

[168] Brennecke, "Deconstruction of the So-called Germanic Arianism".

[169] Merrills and Miles, *The Vandals*, pp. 177–203.

[170] *Vitas Patrum Emeretensium*, V; Koch, "Arianism and Ethnic Identity in Sixth-Century Visigothic Spain".

[171] Wood, "Gregory of Tours and Clovis"; James, "Gregory of Tours and 'Arianism'".

52 　　如果把问题限定为阿里乌派在376—476年的历史意义，那么，我们需要留意，皇帝瓦伦斯在哈德良堡的失利和身死被一些人认为与他的宗教倾向有关，但蛮族本身的异端信仰极少被论及。对萨尔维安来说，哥特人的阿里乌派信仰不如元老院贵族的作风要命。[172]在萨尔维安看来，信仰异端的汪达尔人相比北非罗马人更值得称赞。[173]奥罗修和苏格拉底对蛮族皈依基督教的重视程度，远高于对他们具体的教义认同的关注。苏格拉底甚至认为勃艮第人皈依的是大公信仰，而他或许是对的，尽管图尔的格里高利后来提出了不同的看法。[174]在5世纪下半叶，没有证据显示，大将军李西梅尔[175]或他的外甥兼继承者冈都巴德（Gundobad）[176]因为宗教信仰而遭遇过任何困难，尽管两人无疑都是阿里乌派信徒。换言之，尽管我们可以同意吉本关于教义论争造成分裂并消耗大量时间和资源的看法，但很难认为它在西罗马帝国的灭亡中发挥了作用。

　　然而，即便我们得出结论，教义争议对西罗马帝国发生的事件并非至关重要，还是需要承认，正统教义的建构具有重大的意义。埃夫丽尔·卡梅伦（Averil Cameron）敏锐地将之表述为"正统的暴力"（the violence of orthodoxy）[177]。它对帝国行政的深度影响在《提奥多西法典》中有清楚体现。《提奥多西法典》以宗教为主题的第16卷的起首法条是363/364年"论大公信仰"（de fide catholica），这是早期罗马帝国的学者完全不用研习的东西：古典学家比早期中世纪史学者更能看出这其中的全新意味。[178]尽管大迫害和之前针对基督教的数次迫害造成了实实

---

[172]　Salvian, *De Gubernatione Dei*, VII, 38–44.
[173]　Ibid., VII, 45–108.
[174]　Socrates, *Historia Ecclesiastica*, VII, 30, 379; 另见 Orosius, *Historia adversus Paganos*, VII, 32, 13; 41, 8; Gregory of Tours, *Decem Libri Historiarum*, II, 32; Wood, "Arians, Catholics and Vouillé", pp. 143–145。
[175]　Mathisen, "Ricimer's Church in Rome".
[176]　Wood, "Arians, Catholics, and Vouillé".
[177]　Cameron, "The Violence of Orthodoxy".
[178]　Whitmarsh, *Battling the Gods*, pp. 236–238.

在在的恐怖，坚持正确教义对基督教皇帝们来说是比之前数世纪中的多神教祭祀更需投入持续关注的问题。吉本的论述跨越更长时段，这使 53 他比以君士坦丁为研究时段起点的很多学者能够更好地理解基督教带来的影响。太多研究古代晚期的现代学者以基督教帝国为起点，并因此无法看清，君士坦丁皈依之前宗教在帝国和罗马社会中扮演的角色，与之后相比有多大不同。

第七章　基督教的影响：一项定量分析

吉本对宗教在罗马帝国灭亡中扮演角色的其他观察，值得更加留意。它们大致可用一种略为不同的方式重新分组。教会的建立在组织意义上影响重大，因为它创造了一种新的宗教人群类别（教士和修士），这必然涉及极大规模的财富转移，一开始主要是财宝，但后来越来越多的是土地。尽管这些进程无助于解释西罗马帝国的灭亡，但可以帮助我们理解，为何公元600年时的罗马世界与三百年前相比会有如此大的不同。此外，与文化和信仰问题不同，量化研究的话题大概更容易整合于更宽泛意义上的西罗马帝国终结历史叙事。我们确实可以对教士、教会财宝和教会地产做定量观察。我们将依次考察这些议题。

让我们从数字开始。先来看吉本笔下主教在1800个讲道坛上大声疾呼的意象。[179] 这个数字当然是他的猜测。事实上，蒙森估算，罗马帝国有5627座城（ *civitates* ，包括城市及其周边地区）[180]——考虑到很多

（如果不是全部）的城也同样构成了教区，帝国中的主教应该就不止1800位。不过，A. H. M. 琼斯估计，在查士丁尼时代，东部帝国只有大约1000座城[181]，其中包括亚细亚行省的至少330个主教教区[182]。对于西

---

[179] Gibbon, *Decline and Fall*, chap. 38: "General Observations on the Fall of the Roman Empire in the West"；同样的数据还出现在第20章。

[180] Mommsen, "Die Städtezahl des Römerreiches", pp. 559–560.

[181] Jones, *The Later Roman Empire*, p. 713.

[182] Destephen, "Quatre études sur le monachisme asianique", p. 206.

部帝国没有类似的数据，但可以确知的高卢城市有 114 座[183]，根据吉尔达斯（Gildas），不列颠还有 28 座城[184]。罗马不列颠是否真的会有 28 名主教需要打上一个问号；可以肯定的是，无论不列颠教会组织在 4 世纪初的情况如何，此后一百五十年间均发生了急剧的崩坏。不过，在英吉利海峡的另一侧，墨洛温时代约有 130 个主教教区，其中应该极少是后罗马时代的新产物。[185]根据琼斯，文献证据表明，北非诸行省约有 500 个主教教区。[186]克里斯蒂安·库尔图瓦（Christian Courtois）指出，出席 411 年迦太基会议的主教共 565 位，其中 286 位是大公派主教，279 位是多纳图派主教。他进而估测，总共应该有约 870 个主教教区，其中 470 个属于大公教会。[187]我们有一份来自汪达尔国王胡内里克（Huneric）统治第六年的名单，其中记录了 466 名大公派主教在这位国王的命令下会晤阿里乌派主教。[188]即便没有多纳图派和阿里乌派的名单，这个数字还是很接近琼斯的估算。西班牙号称 300—400 座城，[189]但其中绝大多数在重要性上似乎与西部世界的其他城市不能等量齐观，功能上也不具有可比性。西哥特人统治时期确知的主教教区仅有 82 个。[190]塞尔焦·蒙奇·奥诺里（Sergio Mochi Onory）在 1933 年估算，意大利在 6 世纪有 250 个主教教区——约 53 个在意大利北部，约 197 个在半岛中部和南部。[191]晚期罗马帝国时代意大利主教教区的数目因此看上去与

---

[183] *Notitia Provinciarum et Civitatum Galliae.*

[184] Gildas, *De Excidio Britonum*, 3, 2.

[185] Duchesne, *Fastes épiscopaux* I, pp. 1–2: Godding, *Prêtres en Gaule mérovingienne*, p. 209 中说约有 110 个主教教区——这个数字应该是将一些没有持续存在的教区核减后的结果。

[186] Jones, *The Later Roman Empire*, p. 715; 较早的估算见 Mesnage, *L'Afrique chrétienne, évêches et ruines antiques*。

[187] Courtois, *Les Vandales et l'Afrique*, p. 110.

[188] *Notitia provinciarum et civitatum Africae*, ed. Halm, pp. 63–71.

[189] Kulikowski, *Late Roman Spain and its Cities*, pp. 14, 323 n. 54.

[190] *Provinciale Visigothicum*; Liebeschuetz, "Transformation and Decline: Are the Two Really Incompatible?" p. 466.

[191] Mochi Onory, *Vescovi e Città (sec. IV-VI)*, pp. 5–6, with n. 7, 早年的列表, 参见 *De Terminatione Provinciarum Italiae*, and *De Provinciis Italiae*。

此地现今主教教区的数目（225 个）差距不大。如果把上述数据综合统计，吉本关于晚期罗马帝国有 1800 名主教的猜测并非异想天开，而且肯定没有过高估计。

59 　　从主教教区数目中推测晚期罗马帝国中教士的数量，只能是一种试验性的尝试。一些城市中的教士数目远多于其他城。早在 251 年，科尔内利乌斯（Cornelius）主教就宣称，罗马教会供养了 46 名司铎，7 名执事，7 名副执事，42 名辅祭、读经人和看门人，以及超过 1500 名寡妇和生活困难人士。[192] 尽管我们无从得知这座教宗之城在古代晚期某个确切时刻的教士数量，但《教宗列传》（Liber Pontificalis）里的绝大多数传记的结尾都提供了每任教宗所任命主教、司铎和执事的数量。根据《教宗列传》，从西尔维斯特一世（314—335 年在任）到格里高利一世（590—604 年在任）期间，共有 933 名司铎、238 名执事和 1437 名主教在 69 场典礼中得到授职，大多数典礼是在 12 月举行的。[193] 如此多的主教祝圣（平均每年五次）应是反映了教宗作为邻近罗马城的城郊教区（suburbican see）和意大利中部教区的都主教（metropolitan）身份，此外，教宗也会为更远地区的主教举行祝圣。但相比之下，授职的司铎和执事的数目少得令人惊讶：接受祝圣的司铎年均只略高于三人，接受祝圣的执事年均略低于一人。这或许表明，基督教帝国时代罗马教会的教士数目并不比科尔内利乌斯任主教时多。这些数字看上去无法满足罗马城中的教堂对奉职人员的需求。我们知道，公元 500 年时，罗马城内有 5 座特级大殿（major basilicas）、29 座冠名教堂（Titular churches）、4 座非冠名教堂、8 座礼拜堂（oratories），以及 4 座修道院和救济教堂（hospices），城郊另有 8 座特级大殿和 3 座普通大殿、60 13 座礼拜堂和 6 座修道院，[194] 这肯定需要超过 100 名教士和数量更多的

---

[192] Brown, *Treasure in Heaven*, p. 26.
[193] 参见附录。
[194] Guidobaldi, "'Topografia ecclesiastica' di Roma (IV–VII secolo)", p. 45.

修道者。对于《教宗列传》中教士数目短缺的一种可能解释是，教宗所任命的司铎和执事都是在罗马城内供职的，城郊教会机构可能接受城郊教区主教的管辖。然而，可能存在没有列入统计的授职典礼——《教宗列传》中记录的典礼要么在 12 月，要么在 2 月（格里高利任教宗期间，授职典礼是在大斋期和 9 月）。当然，之后数世纪中，授职教士的数目逐步提升。[195]

　　罗马作为城市当然不具有代表性，不过，君士坦丁堡在教士数目上可能比罗马有过之而无不及。我们从查士丁尼的《新律》中了解到，单单圣索菲亚大教堂在 535 年时就有 60 名司铎、100 名执事、40 名女执事、90 名副执事、110 位读经人、25 名唱师和 100 名看门人。[196]612 年，根据希拉克略的一条新律，司铎数目上升至 80，执事数目上升至 150，读经人数目上升至 160；女执事和唱师数目没变，而副执事数目减少至 70，看门人数目减少至 75。布拉切奈（Blachernae）教堂据说有 12 名司铎、18 名执事、6 名女执事、8 名副执事、20 名读经人、4 名唱师和 6 名看门人。[197]不幸的是，我们没有关于君士坦丁堡其他教堂的数据。

　　对于其他一些城市，我们可以有更好的整体把握。迦太基在汪达尔人统治时期据称有至少 500 名教士。[198]城市规模更小但政治地位更高的拉文纳，号称在主教之外至少有 60 名教士。阿格尼卢斯（Agnellus）在撰写于 9 世纪 40 年代的拉文纳主教历史中，保存了一份罗马教宗斐理斯四世（526—530 年在任）颁布的判决令，其中载有这 60 名教士的名

[195]　关于前加洛林时代的列表，参见 *Notitia ecclesiarum urbis Romae, De locis sanctis martyrum quae sunt foris civitatis Romae and Ecclesiae quae intus Romae habentur, Itinerarium Malmesburiense*。罗莎蒙德·麦基特里克（Rosamond McKitterick）在个人交流中表示，《教宗列传》中的授职数字可能只涉及拉特兰，不涉及在城中其他地方举行的典礼。

[196]　Justinian, *Nov.* III, 1; McCormick, *Charlemagne's Survey of the Holy Land*, p. 24.

[197]　Heraclius, *Nov.* I, 64-68; McCormick, *Charlemagne's Survey of the Holy Land*, pp. 24-25.

[198]　Jones, *The Later Roman Empire*, p. 911; Moorhead, *Popes and the Church of Rome*, pp. 117-118.

字。判决涉及拉文纳主教埃克莱希乌斯（Ecclesius，522—532 年在任）
与他的一些教士在收入分配上的争端，事态严重到争端双方最终前往
罗马寻求仲裁。支持主教的包括 6 名司铎、7 名执事、4 名副执事、5
名辅祭、5 名读经员、3 位辩护人和 4 位领唱（cantors），争端的另一方
是 4 名司铎、4 名执事、1 名副执事、7 名辅祭、7 名读经员、1 位谷
仓监督（orrearius）和 2 位主事（decani）。[199] 这些教士在裁决期间应该
必须离开拉文纳一段时间。拉文纳与罗马之间的距离约为 175 英里。帝
国时代的信使在这条路线上一天可以跑 72 或 73 英里，[200] 但 60 名教士在
路途上花的时间至少得是信使的 3—4 倍，因此单程就要耗时超过一周。
他们可能还得在罗马住上一些时日，以等待教宗的裁决。因此，这些教
士需要离开拉文纳至少三周。拉文纳城不可能在这么长的时间内无人
主持宗教仪式，我们由此可以推知，城中的教士数目应远多于奔赴罗马
出席教宗斐理斯裁决的这 60 人。同样不能忘记，这场争端发生在查士
丁尼再次征服意大利之前，因此，拉文纳的阿里乌派教会在当时依然兴
旺：一位大公派主教不太可能把自己的属民托付于异端的仁慈。阿里
乌派教士直到 551 年在拉文纳还很活跃，同年的一份文书可以证明这
一点。[201] 拉文纳草纸表明，在异端教会遭到解散后，正统派教会接管了
它的地产。[202]

　　证据允许我们对一些主教城市中的教士数量做估算，得出的数目
是惊人的：某些主教教区全境（包括城内和乡村）的教士数量同样发
人深省。不幸的是，关于帝国东部的教士和教堂数量的最细致和不同寻
常的文献并非出自 4—6 世纪，而是来自 9 世纪的耶路撒冷。一份令人
瞩目的耶路撒冷和圣地的教士清单是 808 年根据查理曼的命令编订的。

---

[199]　Agnellus of Ravenna, *Liber Pontificalis sive Vitae Pontificum Ravennatum*, 60, ed. Holder-Egger, pp. 319–321; Moorhead, *Popes and the Church of Rome*, p. 118.

[200]　Laurence, *The Roads of Roman Italy*, p. 81.

[201]　Delyannis, *Ravenna in Late Antiquity*, p. 145.

[202]　Tjäder, *Die nichtliterarischen lateinischen Papyri Italiens*, vol. 1, n. 3.

根据这份清单，耶路撒冷城中的司铎有 39 名，而地区总体有 4 名主教和 40 名司铎。[203] 在经历了一个半世纪的穆斯林统治之后，这些数字只能反映穆斯林时代之前的耶路撒冷和圣地教士数目的一个残影。在穆斯林统治前，那里的教士提供教牧服务的对象不仅是当地的基督徒团体，还包括大量的朝圣者。在由迈克尔·阿维 – 约拿（Michael Avi-Yonah）发起编撰的犹太、巴勒斯坦和阿拉伯行省希腊与拉丁史料专门名词汇编中，涉及古代晚期部分的数卷共列出了 325 座教堂，以及大量的其他宗教场所。[204]

对于教区教士，西部世界的证据总体多于东部，这可能与不同地区随后的历史进程有关。[205] 不过，关于西部世界的证据主要来自 6 世纪晚期和 7 世纪，它们反映的是相对新的情况，因为教士数目在此前的一个多世纪里取得了增长。在两次迦太基宗教会议（397 年和 401 年）决议及奥古斯丁的书信中，可以发现存在教士数量短缺的现象。[206] 不甚清楚的是，这个问题是否只出现于阿非利加，以及公元 600 年时是否已得到缓解。维塔主教维克多说，共有 4966 名主教、司铎、执事和其他教会成员被流放至沙漠。图努纳主教维克多（Victor of Tununa）在他的编年史的 479 年条目下也记载了此事，他的说法是，有 4000 名主教、教士、修士和平信徒遭到流放。[207] 这个数字大到令人惊讶，但其中究竟有多少是

[203]　McCormick, *Charlemagne's Survey of the Holy Land*, pp. 33, 36–37.

[204]　Di Segni, Tsafrir and Green, *The Onomasticon of Iudaea, Palestina, and Arabia*, vol. 1, pp. 395–412. 另见 Hamarneh, *Topographia cristiana ed insediamenti rurali nel territorio dell'odierna Giordania*。

[205]　比较罗马帝国亚细亚行省的 1402 个条目（其中 870 个是主教）（*Prosopographie chrétienne du Bas Empire*, vol. 3, *Diocèse d'Asie (325–641)*, ed. Destephen）与阿非利加和高卢各超过 3000 个条目（*Prosopographie chrétienne du Bas Empire*, vol. 1, *Afrique (303–533)*, ed. Mandouze, and vol. 4, *La Gaule chrétienne (314–614)*, ed. Pietri and Heijmans）。意大利的规模与高卢相同，参见 *Prosopographie chrétienne du Bas Empire*, vol. 2, *Italie (313–604)*, ed. Pietri and Pietri。

[206]　Augustine, ep. 213; Council of Carthage (397), can. 55; Council of Carthage (401), pref. and can. 57. 感谢耶日·沙弗兰斯基和斯坦尼斯瓦夫·阿达米亚克对这几条注释的贡献。

[207]　Victor of Vita, *Historia Persecutionis*, II, 26: see the edition by Lancel, p. 301 n. 167; Victor of Tununa, s.a. 479.

教士却完全不清楚。阿非利加有大量主教教区，每个教区中的教士数目可能一直偏低。⑳

63　　不过，对于 6 世纪末的高卢，我们拥有一些有用的信息。欧塞尔教区会议（561/605 年）决议的签署者包括 34 名司铎、7 名修道院长、3 名执事，外加欧塞尔主教。这应该体现了这个教区中教士数目的可能区间的下限。⑳ 我们无疑需要考虑到没有参加会议的司铎，因为教区内的偏远地区在会议期间也需要教牧服务（就像在拉文纳主教埃克莱希乌斯和他的教士前往罗马期间，仍需要有司铎在城中主持弥撒礼一样）。对勒芒（LeMans）教区中教职授予数量记录进行评估的难度更大。记录保存于 9 世纪中叶的《勒芒主教行传》（*Actus Pontificum Cenomannis in urbe degentium*）中。把其中的数据与各位主教的任期年限相结合，可以算出，年均接受授职的约有 10 名司铎和 7 名执事，外加 "根据需要授职的其他教士"（*dios ministros aecclesiaticos quantum necesse praeridit*）。⑳《勒芒主教行传》的编撰者通过大量抄录早期文献来证实自己的教史叙述。⑳ 然而，其中一些文献显然已篡改，有时完全就是伪造的。甚至如通常精确到年月日的主教任期这样的信息，都不无可疑之处，有时可以确证是错误的——这自然意味着，任何估算教士授职均数的尝试都需要被打上一个问号。罗伯特·戈丁（Robert Godding）还对《勒芒主教行传》中记录的授职人数提出了质疑。他认为，由于《勒芒主教行传》明显以《教宗列传》为模板，它的作者可能会通过拟造数字来呼应教宗历史的内容。⑳ 戈丁觉得《勒芒主教行传》

---

⑳ *Prosopographie chrétienne du Bas Empire*, vol. 1, Afrique (303–533), ed. Mandouze 提供了约 500 个教区中不同阶等的约 3000 名教士的条目。*Prosopographie chrétienne du Bas Empire, vol. 4, La Gaule chrétienne (314–614)*, ed. Pietri and Heijmans 提供了类似数量的教士条目，出自约 130 个教区。当然这两个地区中的历史延续程度是非常不同的。

⑳ Synod of Auxerre, ed. Basdevant, pp. 502–505; Godding, *Prêtres en Gaule mérovingienne*, p. 209.

⑳ Godding, *Prêtres en Gaule mérovingienne*, p. 458. 参见附录。

⑳ Weidemann, *Geschichte des Bistums Le Mans*.

⑳ Godding, *Prêtres en Gaule mérovingienne*, pp. 209–211, 458.

中记录的授职教士数目看上去太高了。然而，如上文所言，罗马教士授职的数目应比教宗之城实际需要的教士数目低。此外，玛格丽特·魏德曼（Margarete Weidemann）将出现在《勒芒主教行传》的各种列表中90座教堂称作"堂区教堂"（*Pfarrkirchen*）——尽管我们今天熟悉的这种堂区体系在中世纪早期时并不存在。[213]对这些列表的年代认定还存在一些问题，根据魏德曼基于勒芒相关的全部证据的考察，有34座教堂建成于公元500年之前，余下的教堂可以追溯至7世纪中叶。[214]这些数字与《勒芒主教行传》中记录的教士授职数目是相符的，尽管授职数目与每位主教的对应关系依旧存疑。

针对其他高卢–罗马和法兰克主教教区的教堂数目的估算结果，与勒芒的情况是相似的。克莱尔·斯坦克利夫（Clare Stancliffe）在爬梳图尔教区相关的圣徒传和史书材料后认定，圣马丁在371—397年建立了6座乡村教堂（*vicus* churches），他的继任者布赖斯（Brice，约444年去世）兴建了6座，尤斯托奇乌斯（Eustochius，约444—461年在任）建了4座，佩尔佩图乌斯（Perpetuus，461—约491年在任）建了6座。6世纪时，尤弗罗尼乌斯（Eufronius，556—573年在任）又另建了3座教堂，他的继任者、史家图尔的格里高利（573—594年）宣称自己祝圣过的教堂和礼拜堂多到无法一一枚举。[215]总体来看，在公元500年前后，图尔城中确知的教堂有4座，教区的乡村中还有20座。在公元600年前后，教区中心的教堂、礼拜堂和修道院数目已升至16座，乡下的教堂数量是42座。[216]如魏德曼所言，这些数字与勒芒的情况若合符节。[217]此外，由于对这些教堂的记录来自6世纪末之前撰写的文本，

---

[213] Weidemann, *Geschichte des Bistums Le Mans*, vol. 3, p. 426.

[214] Ibid., vol. 3, pp. 426-443.

[215] Gregory of Tours, *Decem Libri Historiarum*, X, 31; Stancliffe, "From Town to Country", pp. 46-48.

[216] Stancliffe, "From Town to Country", p. 51.

[217] Weidemann, *Geschichte des Bistums Le Mans*, vol. 3, p. 438.

这些数字不可能是夸张。欧塞尔方面的数据也十分类似。

65　　9世纪的《欧塞尔主教事迹》(*Gesta Pontificum Autissiodorensium*)中抄录了主教奥纳里乌斯(Aunarius)的礼仪日历(*Institutio*),其中列出了36座"堂区教堂"(文献中的表达是 *parrochias ipsius pagi*)。[218] 这当然不代表欧塞尔教区内的教堂总数:欧塞尔城中的教堂没有被列入(其中一些出现在了礼仪日历的他处),[219] 同样,私家田庄的教堂和礼拜堂肯定也没列入,这些教堂也需要教士提供教牧服务,即使提供者可能会是一位当地的"堂区"司铎。

　　乡村教堂——位于主城区之外的人口聚集地的教堂——显然是十分重要的机构。根据567年的图尔宗教会议决议,一座乡村教堂由一位大司铎(archpriest)领导,他的手下有若干执事,以及一个由7名副执事、读经者和经过核准的平信徒组成的团队。[220] 他们并非乡村里仅有的教士:会议决议提到了其余的司铎、执事和副执事(*reliqui presbyteri et diaconi ac subdiaconi vicani*)。换言之,每个乡村都有很多位教士。如果从这些信息反观欧塞尔宗教会议,我们或许可以猜测,每个乡村可能派出了一位教士代表出席会议——会议决议署名的教士数目(34名)非常接近奥纳里乌斯在礼仪日历所列的"堂区教堂"数目(36座),而主持这次宗教会议的,其实就是奥纳里乌斯主教。[221] 根据图尔宗教会议的立法,教区里还有其他司铎、执事、副执事和读经者。事实上,图尔会议决议提示我们,把"堂区教堂"或乡村的数量乘以10,大概可以粗略推算出教区内的教士总数。

　　因此,图尔和欧塞尔的证据倾向于支持勒芒数据的可信度。此外,

---

[218] *Gesta Pontificum Autissiodorensium* 19, ed., Sot, vol. 1, pp. 70-72; Atsma, "Klöster und Mönchtum im Bistums Auxerre", pp. 9-10; Weidemann, *Geschichte des Bistums Le Mans*, vol. 3, p. 440.

[219] Picard, "Auxerre" 列出了确知存在于墨洛温时代欧塞尔的29座教堂、礼拜堂和救济教堂的名称。

[220] Council of Tours (567), ca. 20, ed. Basdevant, pp. 364-369.

[221] *Gesta Pontificum Autissiodorensium* 19, ed. Sot, vol. 1, pp. 70-77.

我们大概认为勒芒是一个很普通的主教教区。它的面积较大，但并不比
其他的墨洛温教区大很多。此外，勒芒并没有大规模圣徒崇拜的资源，
因此不会因为某个圣地（shrine）的存在而影响教士数量。因此，我们
或许可以合理地从勒芒、欧塞尔和图尔相关的文献中得出结论，在墨洛
温时代，绝大多数主教教区有超过百名教士，包括司铎、大司铎、执事
和副执事。因此，高卢诸行省（有130个主教教区）的司铎和其他教士
总数应超过10 000人。尽管戈丁在文献中只找到381位墨洛温司铎的
名字，[222] 我们却不应将此视为司铎规模相对较小的证据，而是应该对有
如此多的普通教士得以在历史上留下姓名感到惊讶。

　　同样让人眼界大开的是所谓的《苏维汇教堂表》（*Parochiale
Suevum*），它编写于572—582年的加里西亚。[223]《苏维汇教堂表》列出
了107座教堂（*ecclesiae*）——其中不少是后世添写的——，和25个
村落（*pagi*）："村落"是包含多个乡村（*vici*）的行政单元。根据帕尔
多（José Carlos Sanchez Pardo）的界定，村落在西班牙是一个有分散
人口居住的农业区域。[224]《苏维汇教区表》中的这些教堂和村落位于
苏维汇王国的多个教区：布拉加（Bracara/Braga）、波尔图（Portugale/
Porto）、拉梅古（Lameco）、可宁布利嘉（Conimbriga/Coimbra）、维塞
奥（Viseo）、杜米奥（Dumio）、伊加坦尼亚（Egitania）、卢戈（Luco/
Lugo）、奥伦塞（Auria/Ourense）、阿斯托加（Asturica/Astorga）、伊里亚
（Iria）、图依（Tude/Tuy）和布雷托尼亚（Britonia）。[225] 我们过去或许会
误以为，欧洲的这个地区很封闭，因此比其他地区的基督教化程度更
低。近年的考古发掘证明这是大错特错。尽管《苏维汇教堂表》在命名
中使用了 *parochia* 这个词，但它指的并非堂区。上文中已经提到，在早

66

[222] Godding, *Prêtres en Gaule mérovingienne*, pp. 209–211.
[223] *Parochiale Suevum*.
[224] Sánchez Pardo, "Organización eclesiástica y social en la Galicia tardoantigua", p. 459.
[225] Ibid., p. 441.

期中世纪语境中谈论堂区教堂是存在问题的，巴勃罗·迪亚斯（Pablo Diaz）更倾向于使用"公共教堂"的概念。《苏维汇教堂表》显然没有列出苏维汇王国的教区的所有教堂，否则，这些教区中的教堂数量与勒芒相比要少太多了。事实上，表中列出的地方并不是均匀分布的，其中 73 座教堂都在图依、布拉加和波尔图三个教区内。[226] 就这些教区本身而言，有一些面积非常小：杜米奥实际上只是布拉加的外郊，距离波尔图只有 47 公里或 29 英里的距离。此外，《苏维汇教堂表》可能只列入了承担重要行政功能的教堂，这也是为什么那些与王权关系密切的地方的信息最为充分。[227] 换言之，尽管未能向我们提供如勒芒案例中那样的细节，《苏维汇教堂表》还是展现了与非常不同的图尔文献中所见颇为相符的信息。它也表明，教会在 6 世纪末的西班牙西北部根基深厚。

如果把勒芒档案视为普通高卢教区教士数目的样本，并且认为，意大利和西班牙的情况大体相似，我们或许可以估算，西欧大陆平均每个教区有超过 100 名司铎和低阶教士。其他地区的数字是否相同，需要打上一个问号。巴尔干半岛的形势想来无法供养大量教士，阿非利加更早时候的证据同样表明，那里的教士数要低很多。亚细亚行省的情况也是如此，那里确知的教士数量很低。[228] 即便如此，考虑到君士坦丁堡的教士非常之多，帝国东部其他大城市也应是如此，那么，公元 600 年时，过去属于罗马帝国的地域范围内，包括主教、司铎和执事在内的在俗教士数量，很可能超过 10 万。

吉本对修士的咒骂更甚于教士。他举出了如下数字：帕郭米乌斯（Pachomius）有 1400 名追随者，参加他的复活节庆典的"修道人

---

[226] Díaz, "El Parrochiale Suevum", p. 41.

[227] Sánchez Pardo, "Organización eclesiástica y social en la Galicia tardoantigua", p. 460.

[228] *Prosopographie chrétienne du Bas Empire*, vol. 3, *Diocèse d'Asie (325–641)*, ed. Destephen; Destephen, "Quatre études sur le monachisme asianique", p. 196; 另见 Hübner, *Der Klerus in der Gesellschaft des spätantiken Kleinasiens*。

士"多达 50 000 人；俄克喜林库斯（Oxyrhynchus）有 10 000 名修士和 20 000 名守贞女。[229] 这无疑就是德尔瓦斯·奇蒂（Derwas Chitty）的《沙漠之城》（*The Desert a City*）中的埃及世界。[230] 这个历史图景主要源于《修士传记汇编》（*Historia Monachorum*）、《劳苏历史》（*Lausiac History*）和哲罗姆。[231] 根据伊娃·维普西查（Ewa Wipszycka）的研究，这些数字是完全不可信的，但 200—300 人的修士和修女团体在当时肯定存在。[232] 不幸的是，我们对于亚历山大城的修士数量缺乏可靠的数据，[233] 尽管多种文献材料宣称，这座城市及其周边区域在 6 世纪末和 7 世纪有 600 个修道团体，这应该是可信的。[234]

我们对 5—6 世纪的安提阿和耶路撒冷的了解不如埃及。不过，一份有多种版本存留的清单，提供了耶路撒冷城在经历了 614 年波斯劫掠后，找到并在多处下葬的尸体数量。根据不同的版本，下葬总人数在 33 067—66 509 间浮动。约瑟夫·米利克（Jósef Milik）认为，这些数据来自掘墓人提供的叙述，同时，清单中的一些团体基本是修道团体。如果我们接受米利克的判断，这份清单中就包含了圣乔治修道院的死者 7 名；圣母玛利亚新教堂（Nea church of mary Theotokos）的约 290 名，其图书馆还有 70 名；圣科斯马和达米安教堂的 2212 名修女；复活地修道院（monastery of the Anastasis）的 212 名；撒玛利亚人教堂（church of the Samaritan，即冯提奈乌斯修道院［monastery of Photineus］）区的约 200 名修士；圣雅各溪流修道团体（Torrent of St James）* 的 308 或 317 名；橄榄山上的修道院的 4219 名；下葬在各各他（Golgotha）前的

---

[229] Gibbon, *Decline and Fall*, chap. 37.

[230] Chitty, *The Desert a City*.

[231] Wipszycka, *Moines et communautés monastiques en Égypte*, pp. 403, 423, 435-436, 引自 *Historia Monachorum*, 5, 1-6, 以及哲罗姆对《帕郭米乌斯规章》（*Regula Pachomii*）的翻译。

[232] Wipszycka, *Moines et communautés monastiques en Égypte*, pp. 403-436, esp. 423.

[233] Ibid., pp. 403, 423.

[234] Ibid., pp. 414-415.

* 可能指以耶路撒冷城东的汲沦（Kidron 或 Cedron）溪流附近的圣雅各墓为中心形成的修道团体。——译者

69　50 名；还有一部分在大卫塔被杀害。把这些数字累加起来，可以估算，这一地区有 8000 名左右的修士和修女被杀害。考虑到还有幸存者，其中一部分被带去了波斯，那么，614 年前耶路撒冷的修士和修女总数应约有万人。[235] 808 年查理曼清单中的信息自然精确性更高。根据其中的记录，在穆斯林建立统治一百五十多年时，圣地有 471 位修士、38 位隐士和 68 名修女。[236] 然而，阿拉伯修道掌院（archimandrites）569 年的一封书信中列出了 138 个修道组织。[237] 可以与此对勘的是，从犹太、巴勒斯坦和阿拉伯的专门名词中有超过 165 座修道院建筑。[238]

我们关于拜占庭首都的信息可能更多一些。三份修道机构列表以第二次君士坦丁堡会议决议附录的形式留存至今：448 年的陈情书中提到了 23 个修道组织；518 年宗教会议中提到了 53 或 54 个；528 年宗教会议中提到了 63 个；536 年宗教会议中提到了 108 个。根据这些表单和其他材料，彼得·哈特利（Peter Hatlie）编排出了一份"总单"（Master List），收入了 350—850 年君士坦丁堡及其内陆邻近区域的修道院，凡 265 座。[239] 在 5 世纪初，君士坦丁堡最大的修道院之一（奥林匹亚斯修道院）共有约 250 名修士；[240] 425 年时，尤提齐乌斯修道院（monastery of Eutychius）有约 300 名修士；不眠者修道院（*Akoimetae*）的修士数目也约为 300 名；450 年时，巴西亚努斯修道院（Bassianus）也是同样规模。[241] 与此同时，城市的外郊还有 50—100 个修道团体。[242] 不眠者修道院是君士坦丁堡最大的修道团体，它在 428 年遭遇了修士

---

[235]　Milik, "La topographie de Jérusalem vers la fin de l'époque byzantine", esp. at pp. 133, 139, 146–158, 164, 167, 172, 184, 186, 188.

[236]　McCormick, *Charlemagne's Survey of the Holy Land*, p. 36.

[237]　*Lettre des archimandrites d'Arabie aux évêques orthodoxes*, ed. Chabot.

[238]　Di Segni, Tsafrir, and Green, *The Onomasticon of Iudaea, Palaestina, and Arabia*, vol. 1, pp. 413–422.

[239]　Hatlie, *The Monks and Monasteries of Constantinople*, pp. 452–472.

[240]　Ibid., p. 76.

[241]　Ibid., pp. 76, 109.

[242]　Ibid., p. 77.

被逐，随后经历了重建。根据"伪扎迦利（Pseudo-Zacharias）教会史"，5 世纪末时，不眠者修道院共有约 1000 名修士，阿纳斯塔修斯统治时期，有 250 名修女。[243] 换言之，在 6 世纪初，君士坦丁堡的修士和修女数以千计。

　　帝国东部其他地区的修道人士数目，极其难以估算。希尔凡·德斯蒂芬（Sylvain Destephen）罗列了关于亚细亚行省修道团体的全部记载，在其中只找到了 85 个 4—5 世纪的修道团体，其中半数还无法确定，[244] 而《基督徒群体传记》（*Prosopographie chrétienne*）亚细亚卷的 1402 个条目中，只有 80 个是修道人士。[245] 这或许表明，修道传统在那里相对不发达，尽管凯撒里亚的巴西尔（Basil of Caesarea）为那里的苦行僧制定了重要的修道规则和指南。然而，亚细亚修道团体和修士数量偏低，也可能反映了之后历史的断裂。海伦纳堡主教帕拉迪乌斯（Palladius of Helenopolis）明确记载，安卡拉有多达 2000 名（可能并不在单个修道团体中，而是在一个修道联盟中）。[246]

　　关于 7 世纪前西部修道团体的文献记载甚至更少，在晚期罗马帝国和随后的一段时期内，修道生活在西部世界中的发达程度不如东部。[247] 不过，公元 700 年时，高卢修道主义（意大利和西班牙可能也如此）的发展已不亚于拜占庭帝国统治下的东部地区了，而且，考虑到伊斯兰势力的推进和它对基督教修道团体的冲击，修道生活在高卢的情况可能还好过在黎凡特、埃及和马格里布。[248] 我们没有罗马方面的数据可以与拜占庭的情况做比较，尽管早在 410 年之前，奉行苦行主义的贵

70

[243] Hatlie, *The Monks and Monasteries of Constantinople*, p. 109.

[244] Destephen, "Quatre études sur le monachisme asianique", pp. 202–206.

[245] Ibid., p. 214 n. 70.

[246] Ibid., p. 213.

[247] Frend, "The Monks and the End and Survival of the East Roman Empire in the Fifth Century", p. 14.

[248] Frend, "The Monks and the End and Survival of the East Roman Empire in the Fifth Century" 中所作的比较对 5 世纪来说是合理的，但不适用于之后的时期。

族修道团体在帝国西部首都已颇具影响。罗马城的中世纪早期圣礼仪程（*Ordines*）对修士有所提及，叙述文献中也有对修士参加宗教游行的描述，但量化信息付之阙如。[249]

关于古代晚期和中世纪早期西部世界的修道主义，最丰富的证据无疑来自高卢。马丁4世纪时已在图尔附近的利居热（Ligugé）和马穆提（Marmoutier）创立了重要的修道院；马穆提修道院据说有80位同住者，[250]参加这位圣徒的葬礼的修士，据称多达2000位。[251] 5世纪中叶，普罗旺斯出现了重要的修道中心，勒兰和约翰·卡西安（John Cassian）在马赛的修道团体吸引了众多同住者，凯撒里乌斯（Caesarius）6世纪初在阿尔勒创建的修道院也是如此。[252]不过，高卢修道主义的爆发式发展主要发生在6世纪末和7世纪。据估算，公元600年时法兰克地区约有220座修道院，8世纪初时则已增至550座。[253]其中一些修道院的同住者数量很少，但根据记录，也有一些修道院有数以百计的修士或修女。11世纪初的《圣克拉路传》（*Vita Clari*）中收录有一份性质不明的清单，可能源出于7世纪。根据其中的记录，位于罗讷河谷的维埃纳城（Vienne）的12座修道院共有修士1525名；此外，维埃纳主教教区境内，另有60个修道团体。[254]

71

对于文献中的某些数目，如瑞米耶日（Jumièges）有800名修士、勒兰修道院有500名修士，[255]我们显然不能无条件信任。但确实有理由相信，某些修道院中的修士数目达到了数百人。图尔的格里高利说，

[249] Romano, *Liturgy and Society in Early Medieval Rome*, pp. 101-102.
[250] Sulpicius Severus, *Vita Martini*, 10, 5. 但是见 Figuinha, "Martin of Tours' Monasticism and Aristocracies in Fourth-Century Gaul", p. 13。
[251] Sulpicius Severus, ep. 3, 18.
[252] Prinz, *Frühes Mönchtum im Frankenreich*, pp. 19-87.
[253] Atsma, "les monastères urbains du Nord de la Gaule", p. 168; Wood, "Entrusting Western Europe to the Church", p. 41.
[254] Wood, "Entrusting Western Europe to the Church", p. 67.
[255] Berlière, "Les nombres des moines dans les anciens monastères"; Wood, "Entrusting western Europe to the Church", p. 68.

当拉戴贡德（Radegund）在 587 年去世时，圣十字修道院有约 200 名修女，这是完全可信的。[256] 其他有关墨洛温修道院中的死亡记载，同样支持单个修道院中成员数百的可信度。除盎格鲁－撒克森英格兰的达勒姆《兄弟之友录》(*Liber Vitae*) 之外，大部头的去世修士名录最初出现在加洛林时代，但根据文献记载，位于摩泽尔河谷的勒米尔蒙（Remiremont）有 50 名修女死于一场疫病的爆发。[257] 这个数字可能带有圣徒传中常见的夸张成分，但创始阶段规模不算大的法尔穆杰修道院（Faremoutiers），在建立后的头二十年中共有 16 位修女去世：其中 13 位死者有名有姓，而且大都很年轻。[258] 同样，科伦巴努斯（Columbanus）说，在他居于孚日山区的十二年间，有 17 位同伴先后过世。[259] 要注意，吕克瑟伊修道院及其附属修道院在创立伊始的岁月里主要都是年轻人，而非年事已高、行将就木的苦行僧。此外，在离开吕克瑟伊后，科伦巴努斯还有足够多的弟子跟随他一道在意大利的博比奥建立新修道院，这使高卢的吕克瑟伊经历了严重的分裂。

72

　　西欧其他地区关于早期中世纪修道主义的文献证据没有高卢那么丰富和广泛。卡西奥多鲁斯（Cassiodorus）谈及过贵族圈中兴建修道院的热忱，[260] 但东哥特战争可能造成了巨大的断裂；对于 6 世纪的意大利，格奥尔格·耶纳尔（Georg Jenal）只能确认约 100 座修道院。[261] 值得注意的是，这些修道院中，很少有分布于意大利南部的，卡西奥多鲁斯自己的维瓦留姆修道院（Vivarium）是其中之一。[262] 这可能意味着，大量的意大利修道团体并没有留下记录。西班牙的早期中世纪修道院

---

[256]　Gregory of Tours, *Liber in Gloria Confessorum*, 104.

[257]　Jonas of Bobbio, *Vita Columbani*, II, 10.

[258]　Ibid., II, 11–22.

[259]　Columbanus, ep. 2, 5.

[260]　关于意大利南部修道院的一些细节，参见 Brown, *Gentlemen and Officers*, pp. 181–182。

[261]　Jenal, *Italia ascetica atque monastica*; Wood, "Entrusting western Europe to the Church", p. 46.

[262]　参见 Wood, "Entrusting Western Europe to the Church", p. 47 中的地图。

只有 86 座见载于文献，但实际存在的数目肯定更多。[263]《布拉加主教富鲁克图奥苏斯传》(*Life of Fructuosus of Braga*) 中提到，这位圣徒的修道团体中有非常多的修士，并表示传主在 7 世纪中叶发起了一场声势浩大的修道运动。根据现存证据，充分考虑到法兰克地区的修道主义发展程度高于西班牙和意大利这种可能，最合理的推测是，7 世纪晚期时，西部世界的修士数目很可能当以万计，但一百五十年前的修士人数要少很多，虽然其数目应当仍旧可观。关于年代问题的更多讨论见于本书的第九章。

在考察 5—6 世纪的教士和修士人数时，我们必须注意，这个宗教群体的出现是一件新鲜事。尽管我们或许将他们类比于古埃及的祭司阶层，或希腊化时代黎凡特地区的神庙城市 (temple cities) 中的祭司，[264] 但与罗马多神教世界中的祭司相比，基督教神职人员和修道人士是非常不同的存在。在罗马多神教中，大多数祭司的在任期限很短；祭司并非全职工作。基督教修士和修女在古典世界中更是没有类似的群体。这些修士和修女在人数上百甚至更多的团体中生活，而这些修道团体依靠土地和财富捐赠为生。4—5 世纪的修道人士在各种意义上都是一种新型社会群体，尽管他们中的不少人也会参与某种劳作来供养自己。[265]

73

[263] Moreno Martín, *La arquitectura monástica hispana*, pp. 691–692; Wood, "Entrusting western Europe to the Church", p. 49; Quiroga, "Monasterios altomedievales hispanos".

[264] Jones, *The Later Roman Empire*, p. 933; Wood, "Entrusting Western Europe to the Church", p. 71.

[265] Hatlie, *The Monks and Monasteries of Constantinople*, p. 77; Wipszycka, *Moines et communautés monastiques en Égypte*, pp. 471–565. 东部世界关于修士是否应该工作的争论，参见 Brown, *Treasure in Heaven*。

第八章　教士、士兵与官僚

　　我希望强调的是，吉本对教士和修士人数的判断是十分合理的。在4—6世纪，数以十万计的人进入教会成为教士或修士——要注意，无论以何种方式估算，这个数字都比进入帝国的蛮族数量多很多。即使巴尔干教会很可能出现衰落，如果我们把所有阶等的教士以及修士和修女全部累加的话，公元600年时原罗马帝国领土范围内的教会人士数量，可能与公元400年时罗马帝国的士兵数量差不多。如上文所述，学者一般认为后者的数目达到了40万—60万。在比较两项估数时，我们需注意，与4世纪时相比，6世纪晚期的总人口数很可能有整体的下滑，查士丁尼时代的瘟疫可能造成了人口的骤降。包括迈克尔·麦考密克和莱斯特·利特尔（Lester Little）在内的若干学者认为，查士丁尼瘟疫决定性地导致罗马世界无法在蛮族迁徙后实现社会和经济复兴。[266] 有些学者认为，这场瘟疫的死亡率与后来的黑死病属于同一量级。对死亡率的计算只能是猜测。关于瘟疫，我们有东部帝国的文献证据（尽管普罗柯比的记载受修昔底德的影响太重）[267]，也有高卢一些城市的证据

---

[266] McCormick, *Origins of the European Economy*, pp. 38-41; McCormick, "Tracking Mass Death During the Fall of Rome's Empire I"; McCormick, "Tracking Mass Death During the Fall of Rome's Empire II"; *Plague and the End of Antiquity*, ed. Little.

[267] Procopius, *Wars*, II, 22-23; Little, "Life and Afterlife of the First Plague Pandemic". 一些警示性的评论，参见 Wickham, *Framing the Early Middle Ages*, pp. 548-549, and Haldon, "Framing Transformation, Transforming the Framework", pp. 346-347。

（图尔的格里高利提供的信息相对而言更为可信）；[268]亦有文献提到瘟疫在不列颠群岛的传播。[269]然而，基于考古证据的重要量化指标付之阙如，尽管学者在一些 6 世纪遗址中发现了可能的疾病携带者老鼠的存在痕迹。[270]我们至多可以说，有证据暗示，一些城市和地区遭受了非常严重的影响，但我们没有充足的文献材料来对其他城市和地区做出可靠的推测。姑且认为确实存在一定程度的人口下降，那么，如果 7 世纪初的教士、修士和修女与 4 世纪中叶的士兵在人数上相同，前者在人口中的比例就要比后者更高。

不过，4 世纪的士兵与 5—6 世纪的教士和苦行僧在帝国内的地理分布情况是不一样的。在罗马时代，行伍和公民之间是有区别的。更重要的是，绝大多数士兵都驻扎在边疆，尽管部队常常会被部署在靠近大型自然资源（比如矿场）的地方，原因之一是要他们管控奴隶劳动者。罗马考古学因而有边疆地区（limes，其中很大比例的遗址是军事性的）与公民行省地区（以城市和庄园为标志）之间的区分。因此，我们或许可以把罗马帝国大致想象成一个在军队防线保护下的公民体系。[271]

与此形成对比的是，在帝国和继承王国中，每个城市都有教士存在。大型村落和乡村中同样有教士。7 世纪时，之前很少有士兵踪迹的城市可能存在教堂和司铎，而且在有些地方是大量存在。与此同时，以前充斥着军人的边疆地区，同样存在中小规模的教士团体。男女修道院的分布更缺乏规律。某些城市和地区中有非常多的修道团体，而其他一些在 7 世纪之前只有极少的男女修道院。有趣的是，得益于鲁克图奥苏斯和瓦莱里乌斯（Valerius）的活动，毕埃索（Bierzo）地区在 7 世纪

81

---

[268] Gregory of Tours, *Decem Libri Historiarum*, IV, 31.

[269] Dooley, "The Plague and its Consequences in Ireland", pp. 216-219.

[270] McCormick, "Tracking Mass Death During the Fall of Rome's Empire II". 老鼠骸骨在由雷纳·施雷格（Rainer Schreg）领衔的对 Caričin Grad 的发掘中被找到。

[271] 参见 Jones, *The Later Roman Empire*, between pp. 1069—1070 中的地图 4，以及 *Notitia Dignitatum*, pp. 1429-1461 中的证据表格。

有非常多的修道团体，而这个地区过去是罗马帝国的一个矿产中心，并因此在军事上十分重要。我们不妨猜测，早年发生的地方经济内爆或许为招募苦行僧提供了有利的基础。然而，尽管修道主义总体而言在6—7世纪变得愈发重要，但在一些地区，宗教机构在西部罗马政府消失之后，无疑经历了衰退。多瑙河中游是典型的案例。比如，尽管有证据表明，那里的宗教崇拜中心直到加洛林时代仍尚有幸存，但在圣塞维利努斯（St. Severinus）的修道团体迁往意大利后，诺里库姆（Noricum）似乎就鲜有修士了。[272]

由于罗马政权的大部分财政被用于支付军队，我们不妨在军事问题上稍作停留。尽管罗马时代存在军民之别，[273] 但在中世纪早期的西部世界此后若干世纪中是没有这种区分的。拜占庭帝国没有完全沿用罗马的模式，但拜占庭军队仍然由政府提供财政支持，[274] 虽然希腊东部世界的军队规模无法与罗马时代相比。[275] 在7世纪的西部世界，除了教士之外，几乎所有肢体健全的男性都有义务在受到征召时拿起武器。一个时常出现的蛮族欧洲形象是有武器陪葬的墓穴[276]——军人在6—7世纪时是到处可见的。但是，我们不能从军民区分的泯灭或从罗马庄园与后罗马墓地之间的对比中得出结论说，这些所谓的继承王国比罗马帝国更加军事化。我们有6世纪随葬武器的考古证据，但却没有这个时期营房存在的考古证据，而罗马边疆地区的堡垒遗址中都有营房。尽管7世纪的绝大多数男性都是战斗兵团的潜在成员，但很多男性肯定成功逃避了任何形式的军事义务。7世纪的西部世界无疑有很多冲突，

82

---

[272] Wolfram, *Die Geburt Mitteleuropas*, pp. 54-63, 109-116.

[273] 关于罗马帝国的军民区分，参见 MacMullen, *Soldier and Civilian in the Later Roman Empire*。

[274] Haldon, *Byzantium in the Seventh Century*, pp. 208-253.

[275] Haldon, *Warfare, State and Society*, pp. 107-115.

[276] Theuws and Alkemade, "A Kind of Mirror for Men"；Haldon, "Framing Transformation, Transforming the Framework", pp. 333-334, 正确地指出西部世界的精英对自我的军事呈现，尽管我想要质疑，"战争和打斗"在7世纪的现实生活中是否真的那么重要。

但似乎极少有冲突涉及数百人以上的作战——盎格鲁－撒克森英格兰很可能也是如此，尽管那里的王国之间爆发战事的频率高于其他西部地区。[277] 7 世纪的西部没有一场战役的参战人数达到了哈德良堡之战、卡太隆尼平原之战和查士丁尼意大利战争的规模，甚至也达不到提奥多西与尤金尼乌斯之间 394 年冷河（Frigidus）战役这样的罗马内战规模。当然，在东部世界，由于波斯和伊斯兰势力的威胁，这一时期的拜占庭帝国不得不比西部世界动员更多的军队，但就连拜占庭军队的规模究竟如何，也还是一个没有定论的问题。[278] 此外，伊斯兰军队 711 年到达西班牙，并在之后侵入法兰克，这使加洛林家族不得不重新扩大军队规模。尽管听上去很难以置信，但 7 世纪时发生在西欧的大规模军事活动，可能比欧洲史上任何其他时期都要少。同样说明问题的是，5 世纪和 6 世纪初的圣徒传中经常提到赎金，[279] 但 7 世纪的圣徒传里却很少如此。这就是所谓"黑暗时代"的真相。中世纪早期的国王们允许教会获得地产和豁免权，尽管这会对王国的军事效率造成潜在的损害。之所以如此，一个可能的原因是，7 世纪的国王们不需要召集大规模的军队。与之构成对比的是，先是为了抵抗占领西班牙的穆斯林，后是为了攻击伦巴德人、阿瓦尔人和萨克森人，再后来又要应对维京人的威胁，军事化是 8 世纪时西部世界的一种必然选择，而这则伴随着从教会人士的手中攫取地产，或至少是要求教会承担军事义务。[280]

教士－修士与士兵之间存在着象征意义上的比较，因为前者经常被描述为"基督的士兵"（这个观念最初源于保罗书信《以弗所书》第 6 章）。但针对教士和修士的数目，我们也可以尝试做另一种有益的比

83

---

[277] 关于盎格鲁－撒克森军队的规模，参见 Sawyer, *The Age of the Vikings*, p. 123。

[278] Haldon, *Warfare and Society*, pp. 107–115.

[279] Mathisen, *Roman Aristocrats in Barbarian Gaul*, pp. 101–102; Lenski, "Captivity and Romano-Barbarian Interchange", esp. pp. 189–190, with n. 19; Klingshirn, "Charity and Power".

[280] Wood, "Land Tenure and Military Obligations in the Anglo-Saxon and Merovingian Kingdoms".

较，即与晚期罗马帝国的官僚做比较。事实上，琼斯使用"吃白饭的"（idle mouths）这个词组，既指吉本笔下懒惰的修士，[28]也指所有受帝国供养之人，其中包括官僚系统。[28]根据克里斯多夫·凯利（Christopher Kelly）的估算，晚期罗马帝国约有 34 000 名官僚，[28]如果我们之前的估算正确的话，这个数目约是 4 世纪士兵数量的十分之一，同样也大致就是 7 世纪教士和修士总数的十分之一。然而，需要留意，尽管可以对高阶政府官员的数目做出有效估算，但晚期罗马帝国小公务员的数目依旧成谜：34 000 这个数字可能严重低估了 5 世纪时的官僚规模。但就是这个数字，与继承王国中世俗官员的人数相比，也还是多得惊人。

与很多其他学者一样，琼斯把晚期罗马政权描述为一个官僚政权。如果要与之类比，那么，后罗马时代的世界就可以说是一个充满了教会人士的世界。同样需要注意，官僚与士兵一样会集中在某些地方，6 世纪末或 7 世纪时某个行政中心城市中的官僚数目可能会远高于同一城市中教士和修士的数量。然而，晚期罗马时代的一些行政中心（如罗马、君士坦丁堡和拉文纳），在 6 世纪末或 7 世纪时都有数量庞大的大殿和修道院。

司铎阶层的出现是否吸走了本可以为帝国服务的人才呢？我们当然可以举出安波罗修的例子，他在 374 年被迫当选米兰主教时，已位居利古里亚（Liguria）和埃米利亚（Emilia）总督的高位。[28]欧塞尔主教日耳曼努斯曾经也是一位官员，尽管他在 5 世纪初被选为主教前具体

84

---

[28] Gibbon, *Decline and Fall*, chap. 38: "General Observations on the Fall of the Roman Empire in the West".

[28] Jones, *The Later Roman Empire*, pp. 1045-1047; 参见 Heather, *The Fall of the Roman Empire*, pp. 117-118 中的评价。

[28] Kelly, "Emperors, Government and Bureaucracy", p. 163 n. 132; 另见 Kelly, *Ruling the Later Roman Empire*; Whitby, "The Late Roman Empire Was before All Things a Bureaucratic State". 关于拜占庭时期, 参见 Haldon, "Bureaucracies, Elites and Clans: The Case of Byzantium, c. 600—1000"。

[28] Moorhead, *Ambrose*, pp. 21-30.

担任何种官职，我们并不清楚。[285] 作为修辞学教授的奥古斯丁有光明的仕途前景，但他经历了一次精神崩溃，随后选择进入教会。[286] 当帝国的西部朝廷遭遇危机并最终崩解时，为有抱负的贵族提供职业通道的罗马官员晋升体系（*cursus honorum*）也同时不再存在——只在东哥特人统治下的意大利保存了一定程度的缩水版本。[287] 教会可以提供另一种事业成功的通道，不过，元老院贵族成员先追求高阶仕途、后进入教会的例子非常少。西多尼乌斯·阿波利纳里斯的生平算是一个。他一度出任过罗马城市长官这样的高级官职，但却突然当选了克莱蒙（Clermont）主教。但正如吉尔·哈里斯（Jill Harries）所言，西多尼乌斯这样的情况是非常罕见的。[288] 他在世俗仕途上的成就，连安洛罗修也比不了。有过苦行经历的贵族主教多过在帝国中任过官的贵族主教——贺诺拉图斯和阿尔勒主教希拉略（Hilary of Arles）是最著名的例子。[289] 同样也要注意，尽管 6—7 世纪确实有贵族主教存在，特别是在法兰克地区，但他们在见载于史料的高阶教士中只是少数，对于大多数主教的出身，我们其实一无所知。[290] 换言之，出身社会上层的男女人才选择走上教会的职业轨道无疑是帝国行政体系崩溃造成的一项后果，但我们不应过分强调这种情况的普遍程度。

然而，我们必须注意，后罗马时代的教会人士在一定程度上承担了官僚和官员原先的功能。[291] 在最极端的案例中，教士有效地扮演了政府的角色，—尤其是在罗马，在那里，大量的城市行政工作由教宗系统接

85

---

[285] Constantius, *Vita Germàni*, 1; Wood, "The End of Roman Britain", pp. 9, 11.

[286] Brown, *Augustine of Hippo*, pp. 109-110.

[287] Radtki, "The Senate at Rome in Ostrogothic Italy".

[288] Harries, *Sidonius Apollinaris and the Fall of Rome*, pp. 170-171.

[289] Mathisen, *Ecclesiastical Factionalism and Religious Controversy in Fifth-Century Gaul*, pp. 85-92.

[290] Patzold, "Zur Socialstruktur des Episkopats und zur Ausbildung bischöflicher Herrschaft in Gallien".

[291] 关于平信徒活动的延续，参见 Brown et al., *Documentary Culture and the Laity*.

管，大格里高利甚至称自己是这座城市的财务官（*saccellarius*）。[292] 其他地方发生了被学者们称为"主教统治"（*Bischofsherrschaft*）的政治形态进程。[293] 不过，我们需要承认，这并不是普遍的情况，而是取决于个别主教、平信徒和具体的历史情势。有些城市在 8 世纪时处于主教统治之下，其他城市的统治者则是世俗官员，特别是伯爵（*comites*）。[294]

不过，即使把罗马和教宗地产视为例外，其他地方的教会和教会人士也在统治实践中发挥了举足轻重且总体而言越来越大的影响力。作为后罗马世界主要的识字群体，普通教会人士想必经常承担官方文件抄写的工作。更重要的是，教士领袖无疑是国王的谋士。晚期罗马帝国的一些主教对个别皇帝有很大的影响力：我们可以举出，尼克米底亚的尤西比乌斯（Eusebius of Nicomedia）对君士坦丁的影响（尽管并非持续稳定），[295] 以及安洛罗修对连续多位皇帝的影响。这位米兰主教可能是格拉提安的反多神教政策的幕后推手，他还激烈地反对格拉提安的同父异母弟弟兼继任者瓦伦提尼安二世的母亲查士丁娜（Justina）。但安洛罗修对帝国政策最著名的介入，发生在瓦伦提尼安二世的继任者提奥多西一世统治时期。[296] 安洛罗修几乎总是能够在与西部皇帝打交道时为所欲为：在东部帝国，最接近于安洛罗修的人物是金口约翰（John Chrysostom），但他就没那么成功了。不过，教士阶层对君士坦丁堡朝廷的影响，清楚地体现在最终导向以弗所会议和卡尔西顿会议的政治决策之中。[297] 主教在 5 世纪时对西部朝廷的影响似乎更弱。不过，摄政皇太后加拉·普拉西提娅（Galla Placidia）以虔敬闻名。值得玩味的是，

86

---

[292]　Gregory I, *Register*, V, 39; Markus, *Gregory the Great and his World*, p. 101.

[293]　Heinzelmann, *Bischofsherrschaft in Gallien*; Diefenbach, "'Bischofsherrschaft'"; Brown, *The Ransom of the Soul*, pp. 167-171.

[294]　Durliat, "Les attributions civiles des évêques mérovingiens"; Wood, "The Ecclesiastical Politics of Merovingian Clermont"; Barbier, *Archives oubliées du haut Moyen Âge*, pp. 69-134.

[295]　Barnes, *Constantine and Eusebius*, pp. 230, 259-260.

[296]　Moorhead, *Ambrose*, pp. 113-128, 182-202.

[297]　Liebeschuetz, *Barbarians and Bishops*, pp. 157-227.

幼帝瓦伦提尼安三世425年返回意大利后的第一项确知的政府行为，就是将摩尼教信徒、裂教者和占星家驱逐出罗马城。[298] 这表明，与基督教正统派的公开结盟在新政权的工作日程中享有极高的优先度。

在一些继承王国中，有充足的证据表明，主教和苦行僧出没于宫廷，大概经常的情况是，他们从自己的主教座堂发出政治建议。维埃纳主教阿维图斯（Avitus of Vienne）接受冈都巴德和西吉斯蒙德（Sigismund）的意见征询：[299] 兰斯主教雷米（Remigius of Rheims）对克洛维具有影响力。[300] 从6世纪末开始，有充分的证据表明，教会人士向墨洛温君主提供建议，图尔的格里高利和韦南提乌斯·福尔图纳图斯（Venantius Fortunatus）的作品中有不少相关指涉；在博比奥的约纳斯（Jonas of Bobbio）的圣徒传中，科伦巴努斯被描写成国王们的亲信。[301] 对法兰克人和勃艮第人来说，大规模的宫廷集会场合似乎都是大型宗教节日，特别是复活节。根据现存证据判断，以世俗色彩为主的三月校场（在"战神之地"的集会，召开于5月1日）基本出现于8世纪加洛林家族统治期间。[302]

尽管7世纪墨洛温国王的历史常常被呈现为宫相崛起（最终体现为加洛林家族的崛起）的历史，[303] 但我们也同样可以将其描述为主教阶层胜利的历史。教士在墨洛温世界中扮演的重要角色，在这一时期极端政治化的圣徒传中有鲜明的体现。[304] 同样的历史图景也见于书信集证据。在6世纪的《奥斯特拉西亚书信集》（Epistolae Austrasicae）中，平信徒的分量很重，但卡奥尔主教德西德里乌斯（Desiderius of Cahors）

87

---

[298] *Codex Theodosianus*, XVI, 5, 62.

[299] Shanzer and Wood, *Avitus of Vienne*, pp. 13–23.

[300] Barrett and Woudhuysen, "Remigius and the 'Important News' of Clovis Rewritten".

[301] Jonas of Bobbio, *Vita Columbani*, I, 6, 18–19, 24, 27, 30.

[302] Wood, "'There is a World Elsewhere'", p. 31.

[303] Gerberding, *The Rise of the Carolingians and the Liber Historiae Francorum*.

[304] Fouracre, "Merovingian History and Merovingian Hagiography"; Fouracre and Gerberding, *Late Merovingian Hagiography*.

的书信（连同圣徒传）表明，在对宫廷具有影响力的人物中，教会人士或其他深度介入教会生活（比如建立修道院）的人物的占比越来越高。东哥特王国、汪达尔王国和后期伦巴德王国没有类似的史料证据（虽然特伦特的塞昆笃斯［Secundus of Trent］可能在阿吉鲁尔福［Agilulf］统治期间具备影响力，爱尔兰圣徒科伦巴努斯也是如此）。[305] 与此类似，在雷卡雷德（Reccared）587 年皈依大公信仰之前，鲜有主教在西哥特王国发挥影响的证据。但在那之后，托莱多（Toledo）宗教会议对西班牙政权意义重大。7 世纪早期的伊西多尔虽然身处塞维利亚，但显然与王室宫廷有密切的联系。

　　当然应该注意，我们的历史证据来源几乎全是教会属性的，尽管《奥斯特拉西亚书信集》和西哥特统治下的西班牙的现存通信也很重要。此外，如《弗里德伽编年史》、执事保罗所撰的史书、《万巴王史志》（*Historiae Wambae Regis*）这样的叙述文献，虽然编撰者是教会人士，但一定程度上体现了世俗贵族的影响。宫相或军事领袖在这一时期的影响力人所共知。但是，将军和宫廷官员在此前的时代同样也很有影响。在多神教时代的罗马史中，没有明显可与主教和苦行僧在高层政治中发挥影响相类比的现象。3 世纪初的第二代智术师（Second Sophistic）时代或许是个例外，塞普蒂米乌斯·塞维鲁（Septimius Severus）的皇后尤利娅·多姆娜（Julia Domna，217 年去世）资助了当时的多位顶尖哲学家。然而，罗马帝国并没有多神教祭司影响帝国政策的传统。主教、修道院长和圣徒的影响力标志着一种政治结构的变革。在比尔·弗伦德看来，5 世纪东罗马帝国发生的教会与政权之间的独特合流，确保了帝国在东部的幸存。[306] 这个论断不应使我们忽视基督教在西部世界的政治结构中的高度整合。

88

---

[305]　Garstad, "Authari in Paul the Deacon's Historia Langobardorum, Secundus of Trent, and the Alexander Tradition in Early Medieval Italy"；Jonas of Bobbio, *Vita Columbani*, I, 30.

[306]　Frend, "The Monks and the End and Survival of the East Roman Empire in the Fifth Century".

第九章　对教会的捐助

　　主教、教士和苦行僧需要接受供养，修建教堂和教士人数的增长造成了重大的社会经济影响。[307]在教宗格拉修（Pope Gelasius，492—496年在任）的时代，已经有了将教会收入四分的教宗传统：教宗辛卜力乌斯（Pope Simplicius，468—483年在任）的一封书信中隐约提及了这个理念，但其最清晰的表达出现在写给卢卡尼亚（Lucania）主教们的《教宗格拉修教令》（*Decreta Papae Gelasii*）中。这位教宗在教令中表示，教会收入应当分成四份：分别供主教本人、其他教士、穷人和教堂营造使用。[308]教宗大格里高利（590—604年在任）在写给坎特伯雷大主教奥古斯丁的回信（*Responsiones*）中重申了这一原则："所有收到的钱应当被分为四份：第一份供主教和他身边的人款待客人使用，第二份给教士，第三份给穷人，第四份用于维修教堂。"[309]由司铎、修士和修女组成的新宗教种姓每日都需接受供养。他们是琼斯所强调的"吃白饭"阶层的重要部分：[310]我们大可质疑琼斯对他们懒惰无为的指责，但

---

[307] Haldon, "Framing Transformation, Transforming the Framework", p. 347.

[308] Gelasius, ep. IX, 27 to the bishops of Lucania (*Decreta papae Gelasii*) (PL 59, col. 56, C): Quatuor autem tam de reditu quam de oblatione fidelium, prout cujuslibet ecclesiae facultas admittit, sicut dudum rationabiliter est decretum, convenit fieri portiones. Quarum sit una pontificis, altera clericorum, pauperum tertia, quarta fabricis applicanda. 关于这种所谓的四分法，参见 Richards, *The Popes and the Papacy in the Early Middle Ages*, pp. 296-297。

[309] Bede, *Historia Ecclesiastica Gentis Anglorum*, I, 27, ed. Colgrave and Mynors, pp. 80-81.

[310] Jones, *The Later Roman Empire*, pp. 1045-1047.

他们确实是要吃饭的。很多教士会参与某些生产活动，[311] 但他们都需要居所、食物和水："伪扎迦利教会史"提到，阿纳斯塔修斯皇帝决定限制对君士坦丁堡不眠者修道院的水的供应。[312]

接下来是吉本所说的"以爱和虔敬为名的虚假需求"：贞女、寡妇和穷人。[313] 古代晚期对穷人的定义是非常宽泛灵活的，分发给个体的救济额度不一，看上去以收益人的社会地位为依据。[314] "受困的上流人士"（distressed gentlefolk，借用一个维多利亚时代的词组）可能与真正穷困之人一样从施舍中受益。"穷人名录"（matriculae）中所录人数十分惊人：4 世纪安提阿有 3000 名孤寡，7 世纪亚历山大城有 7500 名。[315] 西部世界没有可做比较的数字，但那里也有过这种名录。大格里高利的书信提供了单笔慈善捐赠的具体信息。[316] 在 7 世纪的法兰克地区，努瓦永主教安利日（Eligius of Noyon）筹划使用国库收入帮助穷人。[317] 8 世纪初，罗马总督以撒（Isaac）没收了罗马教宗用于赈济穷人和赎回俘虏的财宝。[318] 我们还知道，在危机时刻——战争、饥荒和瘟疫——有待资助的名单会急剧扩充，教士们会被迫采取激进措施。圣徒传记载了一些主教的相关做法。譬如，阿尔勒主教凯撒里乌斯挪用了自己教会的财产以赎买俘虏。[319] 如比尔·克林舍恩（Bill Klingshirn）所言，凯撒里乌斯通过这一做法，极大地扩张了自己的主教庇护的范围。[320] 诺里库姆的圣

92

---

[311] Wipszecka, *Moines et communautés monastiques en Égypte*, pp. 471-565. 别处的修士和修女同样会参与生产。

[312] Greatrex, "The Fall of Macedonius Reconsidered", p. 128.

[313] Gibbon, *Decline and Fall*, chap. 38: "General Observations on the Fall of the Roman Empire in the West"；另见 Jones, *The Later Roman Empire*, p. 899。

[314] Brown, *Poverty and Leadership in the Later Roman Empire*, pp. 58-60.

[315] Ibid., p. 65.

[316] Richards, *The Popes and the Papacy*, p. 296.

[317] Heinzelmann, "Eligius monetarius: Norm oder Sonderfall?"

[318] *Liber Pontificalis* 73 (*Vita Severini*); Richards, *The Popes and the Papacy*, p. 296.

[319] Cyprian, Firminus, Viventius, Messianus, and Stephanus, *Vita Caesarii*, I, 20, 32-44; II, 8-9, 23-24.

[320] Klingshirn, "Charity and Power"; Lenski, "Captivity and Romano-Barbarian Interchange", esp. pp. 189-190, with n. 19; Mathisen, *Roman Aristocrats in Barbarian Gaul*, pp. 101-102.

塞维利努斯是一名苦行僧而非主教，但他也做了差不多的事。[321] 除了赎买俘虏，教会同样日益关注对释奴（freedmen）的关照。[322]

与帮助穷困之人相关的一个问题涉及葬礼费用，这笔支出可能会沉重到死者亲属无力负担。在阿纳斯塔修斯和查士丁尼统治时期，君士坦丁堡城中 1100 家商户的收入被用于支付"圣索菲亚大教堂的葬礼费用"，这些商户因此可以享受免税。查士丁尼的《新律》表明，其他教堂和修道院也以这种方式接受捐助，理由之一是为旅人提供帮助。[323] 毫不奇怪，针对圣索菲亚的这种安排造成了反响，更多的商户受到了影响，帝国收入也减少了。教会需要大笔资金支持才能履行教牧职责和社会义务，一些教会确实得到了这种资金支持。

关于格拉修和大格里高利都提到的教堂维修问题，我们所知信息很少。不过，建造教堂显然涉及财富和物资的调配。我们自然会想要从现存建筑中寻找这方面的证据。但是，除有大量文献记载的罗马建筑和拉文纳建筑之外，对现存遗址的定年需要格外谨慎。例如，一些西班牙教堂过去被认为建于 6 世纪或 7 世纪的西哥特时代，但学者后来倾向于认为它们建于 9 世纪或 10 世纪，尽管如今又有人重新提倡对其中一些教堂做较早的年代判定。[324] 同样，正在进行中的美因茨的圣约翰教堂（Johanniskirche）的考古发掘表明，这个建筑的主体建于 7 世纪，而非之前所认为的加洛林时代。不过，不管 5 世纪或 6 世纪的建筑是否留存，当时的每个基督教社群肯定都需要有一个聚集场所：图尔的格里高利、《勒芒主教行传》、《欧塞尔主教事迹》、《苏维汇教堂表》，尤其是

---

[321] Eugippius, *Vita Severini*, 9, 1; 10, 1-2; 17, 1; and Lenski, "Captivity and Romano-Barbarian Interchange", p. 190 n. 19.

[322] Esders, *Die Formierung der Zensualität*.

[323] Justinian, *Nov.* XIIII, trans Scott; Banaji, "The Economic Trajectories of Late Antiquity", p. 84.

[324] Fontaine, *L'art préroman hispanique*; Caballero, "Observations on Historiography and Change from the Sixth to Tenth Centuries in the North and West of the Iberian Peninsula." 对争论的新近总结，参见 Chavarría Arnau, "Churches and Aristocracies in Seventh-Century Spain".

《教宗列传》中的相关证据，上文中已有所涉及。还可以再补充梅斯城
（Metz）的证据。梅斯受到墨洛温君主和之后的阿努尔夫家族（或者说
早期加洛林家族）的青睐，因此并不一定可以代表法兰克王国城市的
普遍情况。梅斯在 8 世纪时有 43 座教堂[325]，其中大部分想必建于墨洛温
时代晚期之前。对其他地区的考古工作为我们揭示了当时规模惊人的
建造活动。卡诺萨迪普利亚主教萨比努斯（Bishop Sabinus of Canusium，
约 566 年去世）的营建成就见载于 9 世纪他的圣徒传，[326]考古发掘有效
地证实了圣徒传中相关叙述的准确性。[327]显然有数以千计的教堂在罗
马世界基督教化后的数世纪中被建造。其中一些，尤其是君士坦丁下
令建造的大殿，相比于其他教堂要雄伟很多，但在多神教时代，用以崇
拜奥林匹亚主神和皇帝的大型庙宇与乡间小型圣地之间的差别也是非
常巨大的。很多现存的古代晚期和中世纪早期教堂都是通过"再利用"
（spolia）的方式建造的，有时会从古代庙宇中取材。[328]但是，就算是旧
石材也需要有人提供或购买才能获得。修道院，至少是一些苦行团体建
于庄园之中的：著名的例子包括苏尔皮奇乌斯·塞维鲁的普利姆里亚
库姆（Primuliacum）和卡西奥多鲁斯的维瓦留姆（Vivalium），但这也
同样涉及财富的转移。

格拉修的四分法没有直接提及教堂对灯光的需要。这些教堂建
筑（其中一些规格巨大）需要大量的灯和蜡烛来照亮：这意味着需
要油和蜡，而这两种商品都价格不菲。墨洛温时代的豁免权（即免除
国库的财税要求）中非常令人瞩目的一项表达是："我们的国库过去

94

---

[325]　Klauser, "Eine Stationsliste der Metzer Kirche aus dem 8. Jahrhunderts"; Claussen, *The Reform of the Frankish Church*, pp. 276–286.

[326]　*Acta Sanctorum*, February, vol. 2, pp. 323–328; Brown, *Through the Eye of a Needle*, p. 501.

[327]　Volpe, "Città e campagna, strutture insediative e strutture ecclesiastiche dell'Italia meridionale."

[328]　Brenk, "Spolia from Constantine to Charlemagne: Aesthetics Versus Ideology"; Alchermes, "Spolia in Roman Cities of the Late Empire"; Kinney, "'Spolia, damnatio' and 'renovatio memoriae'"; Greenhalgh, *Marble Past, Monumental Present*.

需要征收的，从今而后将被用于教会的照明。"[329] 甚至有专门用于提供
照明（ad luminaria）的地产；捐赠照明花费的人被称为"照明者"
95 （luminarii）。[330] 我们至少可以从这个问题中一窥修道院教堂的经济需
求——事实上，任何教堂都需要照明，虽然修道院由于晚课需要蜡烛和
灯油的持续供给。

彼得·布朗近年的研究使我们关注到财富向教会的转移对于理
解古代晚期的精神和社会生活的重要意义：对个人救赎的关注导致很
多人把财宝和地产捐献给教会。[331] 我们当然可以向前追溯慈善的漫长
传统：古代世界的城市依赖于惠赠，即富人的慈善行为，最著名的例
子是 2 世纪时在雅典赞助公共建筑的赫罗狄斯·阿提库斯（Herodes
Atticus）。惠赠行为给一座城市或一个行省带来荣耀的主要方式是出资
修建公共建筑。不难看出，建造教堂或提供宗教仪式所需的圣礼器具都
与这一古代传统有关；家资远不及 2 世纪那位大慈善家的普通人，也被
吸引向教会捐献。6 世纪时，意大利北部教堂的镶嵌画地板上嵌刻了大
小捐献人的姓名。[332]

最耸人听闻的散财案例是元老院贵族夫妇梅兰尼娅和皮尼亚努斯，
他们变卖了大量地产，并在从罗马前往圣地的旅途中，向多个教堂分发
卖地收益。[333] 这在他们途经的教会团体中引发了骚动，因为大家都迫切
希望从他们的财富中分一杯羹。然而，正如布朗所言，这件事同样也让
教士感到错愕，明智如奥古斯丁者意识到，在此种可以用来建造教堂或
购买圣杯、圣餐碟和十字架的一次性捐赠之外，教会更需要的是稳定的

---

[329] Fouracre, "Eternal Light and Earthly Need", pp. 68-78; 英译出自 p. 68. 另见 Brown, *Through the Eye of a Needle*, pp. 500-502。关于墨洛温晚期和加洛林时代的证据，参见 Esders, *Die Formierung der Zensualität*, pp. 66-73。

[330] Esders, *Die Formierung der Zensualität*, p. 68.

[331] Brown, *The Ransom of the Soul*; Brown, *Treasure in Heaven*.

[332] Ward-Perkins, *From Classical Antiquity to the Middle Ages*, pp. 51-84.

[333] Gerontius, *Life of Melania*, 19-22.

收入来源。[334]

　　除了从个别中心留存下的材料，有关 6 世纪中叶前教堂和修道院　　96
接受捐助的证据非常之少：在西部世界，文书为我们提供了最佳的信息
源，但少数几个例外，这些文书都来自 7 世纪或更晚的时期。不过，我
们对君士坦丁时代以降罗马教会接受的捐赠所知甚多，这是因为《教
宗列传》录有土地和财宝的积累。《教宗列传》记录了罗马教会在每位
教宗任期内接受到的赠礼。这些清单最惊人的特征是其中所载的财宝
数量，金银器有时重达数百磅。[335] 在从西尔维斯特一世（314—335 年在
任）到西斯特三世（432—440 年在任）的传记篇目中，《教宗列传》还
记载了皇帝们以维持教堂运转为目的向教宗捐赠的地产。[336] 被归于君士
坦丁名下的赠礼尤其令人瞩目。[337]

　　尽管首位基督徒皇帝赠与教会的地产规模巨大，但 5 世纪时土地
转移的规模远胜之前。本质上，捐赠财宝造成的经济影响是相对短期
的：从向教会输送财宝的贵族的角度来看，只要保留了地产，就可以在
短时间内获得动产的补充。然而，教堂需要比财宝捐赠本身更大的保
障。让我们再一次回顾之前的多神教时代：神庙经常收到财宝。事实
上，君士坦丁和他的继任者对神庙财宝的攫取招致了非常负面的舆论
评价。[338] 但因为不设固定祭司职位，神庙不需要永久性的地产捐赠。现
有证据表明，除了少数几个机构之外（最著名的是维斯塔贞女，她们的
地产被没收后移交帝国财库），[339] 神庙一般没有很多地产。[340] 但正如研究　　97

[334]　Brown, *Through the Eye of a Needle*, pp. 291–300, 322–325.

[335]　Davis, *Book of the Pontiffs*, vol. 1, p. xxviii.

[336]　Ibid.

[337]　Marazzi, *I "Patrimonia sanctae Romane ecclesiae" nel Lazio (secoli IV–X)*, pp. 25–47.

[338]　Thompson, *A Roman Reformer and Inventor*, p. 52. 另见 Libanius, *Oration* 30, ed. and trans. Norman, pp. 100–151。

[339]　Symmachus, *Relationes* III; Ambrose, epp. 72–73, trans. Liebeschuetz, pp. 61–94; *Codex Theodosianus*, XIII, 3, 8.

[340]　Wood, "Entrusting Western Europe to the Church", p. 71.

文书起源的盎格鲁－撒克逊学者早就意识到的，教堂需要地产。[341] 换言之，我们不但需要考察由虔诚交易构成的属灵经济（spiritual economy of pious transactions），同时也要关注教会必需的土地积累。

　　毫无疑问，大多数教堂都在 5 世纪期间获得了一定数量的地产。奥古斯丁告诉我们，希波教会资产丰裕，根据布朗的估算，教会收入多达每年 1000 索里达（solidi）。[342]《提奥多西法典》中有立法普遍保障任何人向大公教会遗赠地产的权利。[343] 提奥多西二世和瓦伦提尼安三世的一项重要法令规定，主教、其他教士、修士和修女如果死后未留下遗嘱且没有近亲，那么，他们的地产将被移交至他们所属的教会。[344] 此外，马西安统治时期一条有趣的法律条文涉及寡妇向教士捐赠财产但被诉违法。[345] 但除此之外，与教会获取地产相关的立法，在 4—5 世纪少得令人惊讶。更多的是与教会地产享受的各种纳税和劳役豁免相关的立法。[346] 但是，教会地产的积累在 6—7 世纪构成了一项重大议题。主教们被预期把他们的地产遗赠给教会，特别是遗赠给他们所属的那些特定教会机构。根据图尔的格里高利的记载，一位里昂教会的司铎发现在那里下葬的主教尼切提乌斯（Nicetius）除了自己的遗体外没给里昂教会留下任何东西后，显得十分失望。第二天夜里，这位已逝的圣徒在这位沮丧的教士面前显现并向他表示，自己的遗体才是他最珍贵的财宝。[347] 事实上，尼切提乌斯生前是里昂教会十分重要的赞助人，不但资助建造教堂

[341] Wormald, *Bede and the Conversion of England*.

[342] Brown, *Through the Eye of a Needle*, p. 325.

[343] *Codex Theodosianus*, XVI, 2, 4.

[344] Ibid., V, 3, 1. 这条法令的一个变体被收录于 *Codex Euricianus* (335), ed. Zeumer, p. 27. 关于这一点，以及 *Codex Euricianus* 306 (p. 17)，见 Heil, "The Homoians in Gaul", pp. 280–281. 关于获得没有合法近亲者的财产，参见 Goody, *The Development of the Family and Marriage in Europe*。

[345] Marcian, *Novel*, 5 (trans. Pharr, pp. 566–567).

[346] 比较 Pharr, *The Theodosian Code* 中的列表，见索引条目 "clerics, estates of", and "clerics, exemptions and privileges of"。

[347] Gregory of Tours, *Liber Vitae Patrum*, VIII, 5.

和屋舍，还负责料理主教教区内的农业地产。[348]

很多主教要么出身巨富之家（尼切提乌斯就是如此），要么在其任期内接受了大量的地产。这其中的意味，在勒芒主教贝特拉姆（Bertram of Le Mans，587—623 年在任）的遗嘱中获得了最戏剧化的呈现。[349]贝特拉姆去世时给他主教教区内的多座教堂留下了大量的勒芒地产，总量相当于现代法国领土面积的千分之五。[350]他的遗嘱保存于《勒芒主教行传》中。上文已讨论过，《勒芒主教行传》是一部加洛林时代的汇编，虽然利用了先前的材料，但并非全部可信。然而，贝特拉姆的遗嘱和他的继任者哈笃因德（Hadoind，623—654 年在任）的遗嘱，[351]被学者们认为大体上是真实的。贝特拉姆遗嘱在赠地规模上独一无二（尽管我们还有一些墨洛温时代的遗嘱，绝大多数立嘱人都是教士），[352]而且，这种巨额的捐赠无疑是非常罕见的。然而，贝特拉姆本人并非一位特别知名的主教——除收录了他的遗嘱和继任者哈笃因德的遗嘱的《勒芒主教行传》外，贝特拉姆几乎不见于经传。贝特拉姆也不是墨洛温法兰克历史中特别重要的人物，尽管他因为对克洛塔尔二世忠诚而获得了后者的多次赏赐，这些赏赐都被他转赠给了教区内的教堂。

此外，尽管贝特拉姆遗嘱独一无二，但其他材料——遗嘱、文书和叙事文献——足以表明，其他主教和教士同样向他们的教会捐赠了数量惊人的地产。与《勒芒主教行传》类似，《欧塞尔主教事迹》也提供了主教赠礼教区的信息。尽管没有全文抄录主教们的遗嘱，《欧塞尔主教事迹》专门描述了奥纳里乌斯（561—605 年在任）[353]和德西德里乌斯

[348]　Gregory, *Decem Libri Historiarum*, IV, 36; Brown, *Through the Eye of a Needle*, p. 497.

[349]　Weidemann, *Das Testament des Bischofs Berthramn von Le Mans*.

[350]　Wood, "Entrusting Western Europe to the Church", p. 43.

[351]　Weidemann, *Actus Pontificum Cenomannis in urbe degentium*, vol. 2, pp. 202-206, 将它归于真实的文件和后世添入的真实文件。

[352]　Nonn, "Merowingische Testamente"; Geary, *Aristocracy in Provence*.

[353]　*Gesta Pontificum Autissiodorensium* 19, ed., Sot, vol. 1, pp. 82-85.

99 （561—605 年在任）的大额捐赠。[354] 并非只有主教才向教会捐出那么多。图尔的格里高利记述了他的朋友、利摩日一座修道院的创立者阿莱狄乌斯（Aredius）在去世时把他所有的财产都留给了圣希拉略和圣马丁，[355] 意思就是留给了普瓦提埃教区和图尔教区。

法兰克地区关于地产捐赠的证据尤其丰富。就意大利而言，证明罗马教宗地产的证据很多，不仅因为有《教宗列传》提供的信息，还有教宗书信中的证据，特别是大格里高利的书信，其中大量涉及教宗在西西里的地产。[356] 拉文纳留存的文书是教宗祖产（papal patrimony）相关文献之外的主要意大利材料，可以让我们一窥这座帝国城市的教会财富；9 世纪史家阿格尼卢斯的叙事也提供了相关信息。[357] 主教埃克莱希乌斯与他的教士的争议，最终被教宗斐理斯四世的裁决平息。争端的过程透露，拉文纳教会祖产收益中属于教士的四分之一，其总额为 3000 索里达，因此，拉文纳教会的整体年收入应有 12 000 索里达——这还不算以实物方式获得的收入。[358] 就算如此，与南边的罗马教宗或北边的法兰克诸主教教区相比，拉文纳教会似乎不如它们有钱。汤姆·布朗（Tom Brown）指出，阿格尼卢斯主教把家产留给了自己的家人，大格里高利不无遗憾地将之视为正常之举，尽管他坚持认为，主教的财产应当移交给他的教会。事实上，格里高利认为意大利教会不够富裕。[359] 不过，他也揭示了因教会持有地产的膨胀而造成的矛盾。[360]

---

[354] *Gesta Pontificum Autissiodorensium* 20, ed., Sot, vol. 1, pp. 90-111.

[355] Gregory of Tours, *Decem Libri Historiarum*, X, 29.

[356] Marazzi, *I "Patrimonia sanctae Romanae ecclesiae" nel Lazio (secoli IV-X)*, pp. 103-110; Brown, *Gentlemen and Officers*, pp. 182-183.

[357] Tjäder, *Die nichtliterarischen lateinischen Papyri Italiens*, vol. 1, 遗嘱：papyri 4-5, 6；以拉文纳教会为受益方的文书：papyri 12, 13, 14-15, 16, 18-19, 20, 21, 22, 23, 24, 27；以罗马教会为受益方的文书：papyrus 17. Brown, *Gentlemen and Officers*, pp. 175-189; Wood, "Entrusting Western Europe to the Church", p. 48。

[358] Agnellus of Ravenna, *Liber Pontificalis sive Vitae Pontificum Ravennatum*, p. 60; Richards, *The Popes and the Papacy*, p. 297.

[359] Brown, *Gentlemen and Officers*, p. 183, with n. 14.

[360] Ibid., p. 180.

关于西班牙的信息甚至更为有限，尽管我们有一条关于梅里达如何在 6 世纪中叶（具体日期不知）成为伊比利亚半岛最富有的主教教区的叙述。梅里达主教希腊人保罗在进入教会前是一名医生。他为一位元老院贵族的妻子实施了剖腹产，并移除了腹中的死胎。作为报答，这对夫妇把他们的财富赠给了这位主教。保罗把所有财富都留给了自己的外甥菲德利斯（Fidelis），并希望他可以继承自己的主教职位。在立菲德利斯为主教遭遇阻力时，保罗威胁带着自己的财富离开。反对者不得不放弃，保罗还是主教，并把财富在教区内进行了投资。[361]

除了主教教区的地产积累之外，我们还需要关注修道院获得的财产。[362] 以主教为传主的圣徒传与勒芒和欧塞尔教区历史提供的信息表明，主教座堂从 6 世纪和 7 世纪早期开始斩获地产。然而，关于修道院地产的详细信息几乎完全来自 7 世纪后期或更晚，文书而非叙事性的"行传"或"事迹"构成了主要史料，尽管《丰特奈尔修道院长事迹》（ _Gesta Abbatum Fontanellensium_ ）为我们提供了一部堪比勒芒和欧塞尔主教座堂的修道院史（圣旺德里耶［St. Wandrille］）。[363] 在 8 世纪初，圣旺德里耶拥有至少 3964 片地产。此外，对于教会使用"恳请地"（precaria）——将地产租赁给佃户，承租者一般都是大有身份之人——的情况，上述《事迹》也提供了独特的记录。[364] 地产向修道院的大规模转移显然与修道院在 7 世纪时的大量涌现同时出现。另一方面，像勒兰这样的贵族修道院无疑在 5 世纪时就已相当富裕了。

在解释法兰克贵族向教会捐赠的巨大规模时，史学家们提出捐赠行为背后存在一种现实策略，即家族利用修道院来维持对地产的控制。通过将土地赠与修道院，同时掌控对男女修道院长的选择权，一个家族

100

101

---

[361] _Vitas Patrum Emeretensium_, IV, 2, 5.
[362] Wood, "Entrusting Western Europe to the Church".
[363] _Gesta Patrum Fontanellensis coenobii_.
[364] Wood, "Teutsind, Witlaic and the History of Merovingian precaria".

可以降低在冲突、政治甚至联姻中失去地产的风险。³⁶⁵ 这种说法当然是有道理的，但我们需要注意到，家族是可能消亡的（事实上，鲜有家族可以长期维持重要地位不坠，以致其家族历史可以追踪三代或四代以上），³⁶⁶ 而且，那些得以延续的家族也并不总能成功保持对他们创建的修道机构的控制权——就连墨洛温王族都失去了对著名的圣德尼修道院的控制。³⁶⁷ 换言之，尽管史学家可以将对修道院和教堂的捐赠合理地解释为王朝政治的一个面向，但我们还是不能忽视教会的地产积累的重要意义：与家族为在亲族内部保留地产而采取的策略相比，教会的地产积累完全具有同等的重要性——从长时段来看，甚至更为重要。³⁶⁸

如果把这些无疑是零散的数字放在一起考察，并考虑到主教被预期将他们的财产留给教会——即便这种做法在一些地区比在另一些地区更常见，³⁶⁹ 同时，法兰克教会要比毗邻王国中的教会更为富有——，那么我们可以合理地推测，公元 700 年时，三分之一甚至更多的西欧地产属于教会。大卫·赫利希（David Herlihy）对加洛林时代之前的教会财产的著名估测明显是算低了。³⁷⁰ 法兰克国王希尔佩里克（Chilperic）在 580 年前后声称，教会使他变得穷困。这位国王是在陈述一个事实，而非在做无理的抱怨，³⁷¹ 他也并非唯一一这么表示的墨洛温君主。³⁷² 就连教会人士自己也意识到这种财富转移的影响。根据博比奥的约纳斯的记述，当国王（约纳斯错误地认为是西吉贝尔特 [Sigibert]）提出资助科

365 Fox, *Power and Religion in Merovingian Gaul*, pp. 195-218; 对意大利证据的类似解读，参见 Brown, *Gentlemen and Officers*, p. 189.
366 Cammarosano, *Nobili e re: L'Italia politica dell'alto medioevo*, p. 1; Fouracre review of Fox, *Power and Religion in Merovingian Gaul*, in *Peritia* 27 (2016): 263-265. 关于可以重构数代的家族，参见 Le Jan, *Famille et Pouvoir dans le monde franc*。
367 Wallace-Hadrill, *The Long-haired Kings*, pp. 241-242.
368 Goody, *The Development of the Family and Marriage in Europe*.
369 Brown, *Gentlemen and Officers*, pp. 182-183.
370 Herlihy, "Church Property on the European Continent 701-1200", pp. 87-89; Wood, "Entrusting Western Europe to the Church", pp. 37-38, 45, 72-73.
371 Gregory of Tours, *Decem Libri Historiarum*, VI, 46.
372 Wood, "Entrusting Western Europe to the Church", p. 61.

伦巴努斯时，这位圣徒回答说"他不想靠他人的财富变得富有"[373]。比德在 8 世纪早期清楚地意识到，地产向教会的转移与王国军事力量的衰弱之间存在关联。[374]

　　不过，我们不应将 4—5 世纪财富向教会的转移视为帝国衰落的动因。除了皇帝的赠礼之外，大规模的土地捐赠似乎从 6 世纪才开始发生。事实上，除了被当作成因，这种财富转移亦可以被视为帝国崩溃危机的结果。另一方面，如果说 4—5 世纪时对教会的捐助可能在非常有限的程度上削减了皇帝及其代理人可支配的资源，那么，它肯定限制了6—7 世纪时国王们可支配的资源。

　　这里涉及的一个相关议题，可能也是希尔佩里克的抱怨所针对的问题之一，而且无疑对 7—8 世纪的君主意义重大：这就是关于豁免权的问题。上文中对君士坦丁堡的下葬费用和墨洛温法兰克的教堂照明供应的讨论，已经触及了豁免权的两种变形。从君士坦丁时代以降，教会财产和教会人士一直享受对各种税费和劳役的免除。[375]其中一些豁免权利在 476 年之前就已经受到质疑。早在 329 年，希望通过被授予圣职而逃避国家义务的前市政官员，被强制要求重回市政官岗位：[376]同样存在禁令，禁止富裕市民成为教士，[377]这无疑是因为他们接受圣职会产生消极的经济影响。398 年，霍诺留皇帝以谨慎的态度坚持要求司铎必须从地方上择选，而且，他们仍需要继续缴纳人头税，[378]尽管其他的费用可以被豁免。[379]

　　然而，豁免权对墨洛温晚期的影响大过 5 世纪，其中的原因不仅仅　103

---

[373] Jonas of Bobbio, *Vita Columbani*, I, 6, trans. A. O'Hara and I. Wood, *Jonas of Bobbio, Life of Columbanus, Life of John of Réomé, and Life of Vedast*, p. 108.

[374] Bede, *Epistola ad Ecgbertum*, 11.

[375] Jones, *The Later Roman Empire*, p. 898.

[376] *Codex Theodosianus*, XVI, 2, 6, and 19.

[377] Ibid., XVI, 2, 17.

[378] Ibid., XVI, 2, 33.

[379] Jones, *The Later Roman Empire*, p. 898.

是发生在 7 世纪的大规模修道院捐赠。[380] 上文中已有提及，与通过税收维持常备军的罗马世界和后来的拜占庭帝国不同，[381] 后罗马时代的蛮族王国依靠基于土地的军事义务来维持军力。[382] 这是 7 世纪时拜占庭世界与西部世界之间的一个巨大差别。或许因为西部世界中的继承王国通常不需要调动规模巨大的军队，教会才可以逃避几乎任何军事义务，并在有时（或许是常常）公然宣称对军役享有豁免权。改变这种状况的需要，是 8 世纪法兰克和英格兰共同的重要历史特征。[383] 需要注意，根据《提奥多西法典》，不接受豁免的"强制性公共劳役"包括维持大路、桥梁和街道状况的义务。[384] 对道路和桥梁的维修是 8 世纪盎格鲁 - 撒克森国王尝试要求教会承担的三重义务——曾被称为"三项基本役务"（*trinoda necessitas*）——中的一项。尼古拉斯·布鲁克斯（Nicholas Brooks）言之有据地指出，中世纪对罗切斯特桥的管理源自晚期罗马帝国。[385] 725—750 年，法兰克和英格兰的君主都尝试限制甚至削减教会地产。西哥特王国在那个时候已被穆斯林入侵者推翻。但若干轻微证据表明，西班牙君主在 711 年事变前已开始关注税收豁免权的问题。在一部颁布于 675 年的法令中，万巴国王下令要求，如果夫妻双方中有一方是教会释奴，那么，他们的财产不应按之前的做法被移交给教会，而是应由夫妻之中身份为自由人的那一方的继承人继承。这条法令是以公共利益（*utilitas*）的名义发出的。[386] 根据大卫·金（David King），这表明万巴意图限制免税土地的数量，而他是为了王国的利益才这么做的。[387]

104

---

[380] Fouracre, "Eternal Light and Earthly Needs".

[381] Jones, *The Later Roman Empire*, pp. 623-629; Haldon, *Byzantium in the Seventh Century*, pp. 208-253. 与西部世界的比较，参见 Haldon, "Framing Transformation, Transforming the Framework", p. 332。

[382] Halsall, *Warfare and Society in the Barbarian West, 450-900*, pp. 40-70.

[383] Wood, "Land Tenure and Military Obligations in the Anglo-Saxon and Merovingian Kingdoms".

[384] *Codex Theodosianus*, XI, 16, 15, 18; XV, 3, 6.

[385] Brooks, "Rochester Bridge, ad 43-1381".

[386] *Lex Visigothorum*, IV, 5, 7.

[387] King, *Law and Society in the Visigothic Kingdom*, pp. 67-68.

教会的确立对罗马政权来说无疑意味着支出，而且需要反复强调，多神教时代其实并没有教会的对应物（除非我们上溯至法老统治下的埃及或希腊化时代的中东）。[388] 不过我们并不必然就此得出结论说，教会对帝国财政造成了不可逆转的伤害。显然，没有证据表明，在 6 世纪晚期之前，教会导致大量土地从世俗阶层手中流失；况且在罗马时代，被转移给教会的土地依旧需要支付标准土地税（*canonica inlatio*）。[389] 自 6 世纪末以降，宗教和宗教机构的财政才决定性地影响到了统治者的收入和可支配资源。7 世纪晚期时，教会地产和财富成为了全欧洲的重大问题。

---

[388]　Wood, "Entrusting Western Europe to the Church", p. 71; Stambaugh, "The Functions of Roman Temples", pp. 574-576.

[389]　Jones, *The Later Roman Empire*, p. 898.

第十章　超越吉本和罗斯托夫采夫

　　我们可能无法认可吉本将宗教视为罗马帝国衰亡成因的看法，但会同意他说晚期罗马时代见证了"基督教的兴起、确立和内讧"，"教会，甚至是政权，因为宗教分歧而牵扯精力"，"皇帝们的注意力从军营被转移到了宗教会议"。我们可能不认同"修士神圣的懒惰在一个奴性而柔弱的时代受到欢迎"，[300]但修道主义显然是5世纪之后的一个重大问题。我们还可以比吉本更加强调教会兴起所造成的经济影响。这种情况直到宗教改革和与之伴随的教会财产世俗化进程开始时才得到逆转。在某种意义上，4—6世纪标志着西方基督教世界经济体系的形成，而16—18世纪则见证了这个体系的"解体"（de-formation），而非仅仅是"再形成／改革"（Reformation）。一个无疑需要提出的问题是：6—7世纪对教会的捐助是否不仅仅意味着地产从世俗领域向教会人士的转移。后罗马时代来临后，土地的经营方式是否因为新兴教士地主而发生改变？[301]还是说，教会地产只不过是对晚期罗马帝国世俗贵族的土地持有的翻版？[302]毕竟，这些世俗贵族的部分土地也散布于广阔区域中，这一

---

[300] Gibbon, *Decline and Fall*, chap. 38: "General Observations on the Fall of the Roman Empire in the West".

[301] Banaji, "Aristocracies, Peasantries and the Framing of the Early Middle Ages", pp. 152–158 使用了墨洛温时代的文书和遗嘱（都是教会属性的）来描述经济变迁，但未曾考虑过教会作为一种组织的性质，而仅仅将之视为贵族阶级的代表。

[302] Wood, *The Merovingian Kingdoms*, pp. 214–217.

点与后来的大修道院和主教教区的土地持有情况并无二致。彼得·布朗提出了热衷于推行规范耕作模式的管理型主教的崛起。[383] 这些人是否给经济体系带来了影响？至少在西部世界，我们对 7 世纪教会地产的了解远多于对之前三个世纪中世俗地产的了解。墨洛温时代图尔地区的圣马丁修道院留下了不同寻常的账簿文献，使我们可以一瞥农民需要缴纳的款项。[384] 我们是否可以根据已知情况对证据不明的问题提出推测？或者说，我们是否可以提出有重大变迁发生的假说？单纯从理论层面上来说，供养大型修道团体并为他们提供照明，这种需要即使没有导致生产领域的变化，也肯定会造成分配领域和需求领域的变化。修士团体是不移动的，而有同样地产规模的罗马贵族可以而且无疑常常在他或她的主要地产中心之间往来，这与中世纪国王们的做法很像。当然，边疆守军（*limitanei*）基本是不移动的；但他们位于一条复杂的物资供应链的尾端，这条供应链所针对的需求与修士的需求是不尽相同的。修道团体待一处不动的特征，为供养位于农村地区的大型团体带来了困难，圣徒传对此有所揭示：与磨坊相关的奇迹经常出现，这意味着，乡下修道院的面粉供应是一个大问题[385]——这肯定适用于每一个大规模的修道团体。对于那些拥有兴旺的圣地的宗教中心来说，满足朝圣者的所需也成为了挑战，一些墨洛温圣地似乎会自行制造货币，这体现出一种地方财会行为。[386] 此外，在每座城市中，教会都需要资助孤寡和穷人。7 世纪无疑存在着一种新型的教会经济，其背后的驱动力是希望通过花

111

---

[383] Brown, *Through the Eye of a Needle*, pp. 496–498. 比较爱尔兰方面的证据：Davies, "Economic Change in Early Medieval Ireland"。

[384] Gasnault, *Documents comptables de Saint-Martin de Tours à l'époque mérovingienne*; Wickham, *Framing the Early Middle Ages*, p. 109.

[385] 譬如 Jonas, *Vita Columbani*, II, 2, trans. O' Hara and Wood, p. 181 n. 479 中记载的类似情况。

[386] 关于布利乌德（Brioude）的货币，参见 Berger, *Droit, société et parenté en Auvergne médiévale (VIᵉ–XIVᵉ siècles)*, vol. 4, App. n° 6, "Essai de synthèse sur la numismatique médiévale ancienne du vicus arverne de Brioude et de son Église Saint-Julien", pp. 213–310.

钱来换得属灵意义上的救赎。[397] 我们或许可以合理地认为，这种教会经济取代了西罗马帝国的军事经济。教会毫无疑问应该在对中世纪早期经济的研究中占据重要的位置。不过，让我们在结论部分简要回顾一下罗斯托夫采夫的说法。他说，如果不把精神、知识和艺术领域的问题纳入考量，我们对晚期罗马帝国的认识一定会是"单一的和不完整的"。[398] 除了宗教以外，罗斯托夫采夫说的这些并不是吉本主要关注的问题，但它们却是多项新近重要研究的主题。因为本书主要聚焦于教会经济的问题，我们对这些研究中体现的其他一些维度鲜有触及。但确实有必要考量这些维度，因为它们为基督教在 7 世纪时支配了生活的方方面面这个观点提供了支持。

我们可以从一个已隐约涉及的议题出发：宗教崇拜，或更确切地说是圣礼（liturgy）。每位司铎在每座教堂每周（如果不是每天的话）都会主持基督教圣礼的某个"版本"。[399] 后罗马时代见证了圣礼以书面形式走向固定，这体现为各种形态的弥撒经书（missal）、圣事书（sacramentary）和圣经选读集（lectionary）。在罗马、法兰克和西班牙推动这一进程的不仅仅是教宗和地方主教，国王们也愈发经常地介入。[400] 并非每个人都会参加圣礼，6 世纪时关于安息日是否允许工作的问题有很大的争论，在教会法令和圣徒传中都有体现。[401] 这表明，很多人在回避履行宗教仪式，但是，稳定地提供宗教崇拜仪式是基督教国家的重要文化面向。尽管大多数人不识字，但他们可以听到书本上的话在讲道坛上被宣读——不仅是主教们的 1800 座讲道坛，还包括地方司铎的讲道坛，他们会在布道中宣讲基于奥古斯丁或凯撒里乌斯的各版布

[397] Brown, *Through the Eye of a Needle*; Brown, *The Ransom of the Soul*; Brown, *Treasure in Heaven*.
[398] Rostovtzeff, *The Social and Economic History of the Roman Empire*, p. xv.
[399] Hen, *Culture and Religion in Merovingian Gaul*.
[400] Hen, *The Royal Patronage of Liturgy in Frankish Gaul*, pp. 1–41.
[401] Wood, "Early Merovingian Devotion in Town and Country", pp. 62–66; Wood, "How Popular was Early Medieval Devotion?"

道词。[402]

　　在新近研究中极为吸引眼球的是一种特别的基督教崇拜的发展：　112
圣徒崇拜。[403] 多神教有圣人和朝圣（事实上还有犹太教朝圣），但圣徒
崇拜和与之相关的基督教朝圣在规模上要大得多——即使关于多神教
崇拜的现存证据状况使我们难以对它们进行比较。在古典时代，我们
自然有帕萨尼亚斯（Pausanias）留下的证据，有学者将他提供的信息
与基督教朝圣进行了比较。[404] 图尔的格里高利为我们提供了关于 6 世
纪的信息，尤其是他以殉道士的荣耀和精修者（Confessors）的荣耀为
主题的两部作品。[405] 在后一部的 110 个章节中，大部分都与葬于高卢的
圣徒有关。并非所有这些圣徒都是崇拜的对象，[406] 但其中有很多是如此。
而且，肯定还有格里高利没提到的很多其他圣徒和殉道士，法兰克地
区有他们的圣地。圣徒崇拜在墨洛温世界的盛行程度可能高于其他地
区——大格里高利的《对话录》（Dialogues）似乎如此暗示[407]——，但
圣徒崇拜无疑在整个西部世界普遍存在。

　　多神教也有圣人传记。[408] 但基督教圣徒传——最初是殉道士的事
迹，后来是圣徒、主教和修道院长的生平——是 4 世纪以降的文化世界
的一个鲜明特征。[409] 从中世纪早期的圣徒传序言中可以看出，一组圣徒
传范本已迅速得到确立。博比奥的约纳斯在 643 年撰写的《科伦巴努
斯传》中对早先圣徒传作品的枚举很有代表性：

---

[402]　Klingshirn, *Caesarius of Arles*, pp. 146–159; Bailey, *Christianity's Quiet Success*.

[403]　Brown, *The Cult of the Saints*; *The Cult of Saints in Late Antiquity and the Early Middle Ages*, ed. by Howard-Johnston and Hayward.

[404]　Bull, "Pilgrimage", p. 206.

[405]　Gregory of Tours, *Liber in Gloria Martyrum and Liber in Gloria Confessorum*.

[406]　Wood, "How Popular was Early Medieval Devotion?"

[407]　Gregory I, *Dialogues*, I, prol. 7.

[408]　Musurillo, *Acts of the Pagan Martyrs*.

[409]　Philippart, *Hagiographie; L'hagiographie mérovingienne à travers ses réécritures*, ed. by Goullet, Heinzelmann and Veyrard-Cosme.

> 有福的阿塔纳修为我们的时代完好地保存了关于安东尼的记忆；哲罗姆为我们保存了关于保罗、希拉里翁（Hilarion）和其他因献身善好生活而受到赞誉的圣徒的记忆；鲍斯图密阿努斯（Postumianus）、塞维鲁和加卢斯（Gallus）为我们保存了关于马丁的记忆；很多圣徒传作者为我们保存了或是声名显赫或是善功榜样与德性事迹突出的其他圣徒的记忆，例如，那些教会的支柱，希拉略、安波罗修和奥古斯丁……[410]

113　　　这是一个圣徒传的时代。这个时代中的圣徒传作者十分清楚这一文体的先贤都写过哪些作品。

　　然而，令人惊讶的是，尽管我们今天认为圣徒传是这一时期的主流文学形式之一，但在加洛林时代之前的抄本中，很少有对圣徒传的载录。[411]一部 517 年的重要抄本载录有塞普蒂米乌斯·塞维鲁的圣徒传作品和哲罗姆的《保罗传》（*Vita Pauli*）。[412] 6 世纪或 7 世纪西部世界的抄本载录有尤克里乌斯（Eucherius）的《阿高努殉道士记》（*Passion of the Martyrs of Agaune*）[413]和罗马圣徒传《殉道士约翰和保罗生平》（*Life of the Martyrs John and Paul*）。[414] 7 世纪的抄本载录有以皮奥尼乌斯（Pionius）和提奥多西亚（Theodosia）为传主的圣徒传，[415]以及被归于叙利亚人以法莲（Ephraem the Syrian）名下的《亚伯拉罕生平》（*Life of Abraham*）的拉丁译本。[416] 713 年前不久誊写于爱奥那岛（Iona）的沙夫豪森抄本（Schaffhausen manuscript）载录有亚达南的《圣科伦

---

[410] Jonas of Bobbio, *Vita Columbani*, I, 1, trans. O'Hara and Wood, pp. 93−94.
[411] 前加洛林时代抄本的列表，参见 Lowe, *Codices, Latini Antiquiores (CLA)*, 现在可以通过高威早期拉丁抄本项目（Galway *Earlier Latin Manuscripts* project）网站获得：elmss. nuigalway.ie。
[412] *CLA* IV, 491.
[413] *CLA* V, 589.
[414] *CLA* V/XI, 646.
[415] *CLA* VI, 825.
[416] *CLA* VI, 708.

巴传》(Adomnán's *Life of Columba*)。[417] 8 世纪早期的抄本载录有《圣旺德里耶传》(*Life of Wandregisel*),[418] 同一世纪中稍晚的抄本载录有《圣福雪生平》(*Transitus beati Fursei*)。[419] 然而,这显然只反映了撰写和流传于晚期罗马时代和后罗马时代的大量圣徒传的冰山一角,这无疑也无助于我们理解圣徒崇拜在当时的流行程度。

　　教父文献(其中很多撰写于 4—5 世纪)的留存情况更让人印象深刻。有至少 26 部墨洛温法兰克时代的抄本载录有奥古斯丁的各种作品,22 部载录有哲罗姆的作品,19 部载录有大格里高利的作品,16 部载录有伊西多尔的作品,7 部载录有凯撒里乌斯的作品,6 部载录有奥利金的作品。[420] 比照圣徒传的情况可以推知,这些同样只是曾经存在过的教父文献抄本的一小部分。然而,与教父作品抄本相比,从 6 世纪到 8 世纪初这段时期内编撰的作品(尽管这些作品本身只见载于加洛林时代或更晚的抄本)中对教父作家的引用,更能反映教父在中世纪早期的影响。一位名叫狄芬索尔(Defensor)的人在公元 700 年前后编撰的一部文摘(florilegium)可以让我们对那个时代宗教知识的丰富程度产生一定程度的体认。这位狄芬索尔是利居热修道院的一位修士,除这部文摘外不见于经传。利居热修道院是由图尔的马丁创建的,但在之后渐渐湮没无闻。除了《圣经》经书,狄芬索尔援引了超过 30 位作家的作品。这些人中包括古典作者,如亚里士多德、西塞罗、赫格西普斯(Hegesippus)、赫西俄德和泰伦斯,但主要还是教父作家。狄芬索尔知晓至少四部奥古斯丁的作品外加若干封书信,以及八部哲罗姆的作品外加他的大量通信。他还能接触到不久之前撰写的作品,包括大格里

114

---

[417] *CLA* VII, 998.
[418] *CLA* V, 675.
[419] *CLA* II, 202b.
[420] Wood, "The Problem of Late Merovingian Culture", pp. 217–222 中的列表可以与 *Earlier Latin Manuscripts* 项目网站相互参照。

高利的七部作品、塞维利亚的伊西多尔的四部作品。[421] 狄芬索尔的这部《火花之书》（*Liber Scintillarum*）是 7 世纪的基督教知识广度的重要见证。《火花之书》是由一位籍籍无名的修士在一座并非学问中心的修道院中编撰的。它体现了公元 700 年时似乎已不再是灵修生活中心的地区所具备的文化资源。与之相比，伊西多尔在 7 世纪早期的托莱多展现出的知识水准要高得多，[422] 但这个知识高度在大格里高利和加洛林文艺复兴盛期之间的两百年间很可能是无可匹敌的，唯一可能的例外是比德时代的韦穆 – 贾罗修道院（Wearmouth and Jarrow）。

并非只有神学作品被阅读和传抄，有一定数量的法律抄本也留存至今。除了由法兰克、西哥特和伦巴德君主颁布的"日耳曼"蛮族法典（这些法典没有加洛林时代之前的抄本）之外，墨洛温人和西哥特人还为后世誊录了罗马法：我们有四部《提奥多西法典》的高卢 – 罗马墨洛温抄本（或抄本残卷），大概有六部被称作《阿拉里克罗马法辑要》（Breviary of Alaric）的西哥特罗马法（*Lex Romana Visigothorum*）的抄本。[423] 教会法令集较少受到学者关注，关于它们的证据让我们把目光重新转向教会。所知的最早的教令集出自 6—7 世纪。公元 600 年前后，一位里昂主教编撰了一部合集，后来发展为被学者称作《旧高卢教令集》（*Vetus Gallica*）的形态。[424] 此后不久，633 年的第四次托莱多会议后出现了一部教令集，很可能是由塞维利亚的伊西多尔组织编撰的。此教令集的一个修订版出现于 681 年后，编撰者大概是托莱多大主教尤利安（Julian of Toledo），另一个修订版出现于 694 年后。[425] 这部《西班牙教令集》（*Collectio Hispana*）不仅包含西班牙宗教会议决议，还包

㊽ Defensor of Ligugé, *Liber Scintillarum*; Wood, "The Problem of Late Merovingian Culture", pp. 210–211.

㊾ Fontaine, *Isidore de Seville et la culture classique dans l'Espagne wisigothique*.

㊿ Theodosian Code, *CLA* I, 110; IV, 46; V, 591; VII, 1016; Breviary of Alaric, *CLA* V, 617; 703a; VIII, 1059; IX, 1324; S, 1752; S1, 1836; Wood, "The Code in Merovingian Gaul".

[424] Mordek, *Kirchenrecht und Reform im Frankenreich: die Collectio vetus Gallica*.

[425] *La Colección canónica hispana*, ed. Martínez Díez and Rodríguez.

括一部分早期高卢宗教会议决议和教宗书信。《旧高卢教令集》和《西班牙教令集》均没有加洛林时代之前的抄本传世（前者最早的抄本来自 8 世纪晚期，^{⑫⑥}后者的两个抄本来自 8 世纪或 9 世纪^{⑫⑦}），但 6 世纪以降，有一些小型教令集的抄本留存至今。^{⑫⑧}

同样重要的是，中世纪早期的人们对他们在历史中的位置也有很多思考。除了那些著名的早期拜占庭史家之外，很容易想到的是过去常被简单划归为"蛮族历史的叙述者"的那些作家，尽管我们现在知道，对他们的这种定位是有误的。^{⑫⑨}尽管约达尼斯（Jordanes）用拉丁文写作，但他几乎肯定在君士坦丁堡居住，因此，他的《哥特史》应当与普罗柯比和"秘书官"马尔切利努斯的史书归于一类。比德和执事保罗自然是 8 世纪的作家。不过，在后罗马时代的西部世界中，历史写作的证据仍旧是惊人的。首先，我们有图尔的格里高利：他的作品见载于五部洛林时代之前的抄本。^{⑬⑩}几乎可以肯定地说，格里高利不能被视为罗马帝国的史家，尽管他确实利用了尤西比乌斯 – 哲罗姆的编年史和奥罗修的《历史七书》。在格里高利对历史事件的叙述中，罗马人的形象其实是十分负面的，基本是作为基督徒的迫害者得到呈现。但他也并非一位法兰克人的编年史家。格里高利致力于把他自己的时代的历史稳妥地置于一个可以一直上溯至亚当和夏娃的基督教框架之内。^{⑬①}被学者们称作弗里德伽的 7 世纪中叶编年史家也有着与格里高利同样宽广的视阈。史学家倾向于只引用弗里德伽对 6 世纪末和 7 世纪初的记述，但弗里德伽其实用了希波吕图（Hippolytus）的《世代书》（*Liber Generationis*）的一个拉丁版本作为自己的编年史的序章，因此，与格里高利的史书一

116

---

⑫⑥ Cologne Dombibliothek 91, *CLA* VIII, 1155.

⑫⑦ Lucca Biblioteca Capitolare 490, *CLA* III, 303d; Codex Rachionis, Strasbourg Bibl. nat. et universitaire, *CLA* VI, 835.

⑫⑧ *CLA* V, 619; VI, 836; VII, 954; XI, 1061; Mathisen, "Between Arles, Rome, and Toledo".

⑫⑨ Goffart, *The Narrators of Barbarian History*.

⑬⑩ *CLA* I, 107; V, 670, 671; VI, 742a and b; VIII, 1122.

⑬① Heinzelmann, *Gregory of Tours*.

样，他的编年史也是以亚当和夏娃开篇的。[⑫] 塞维利亚的伊西多尔的史学思想更加丰富，他写作了多达三种不同类型的史书。[⑬] 几乎所有的史志作家和编年史家都尝试把他们自己的时代置于救赎史之中——事实上，中世纪早期史志和编年史的数量，远比通常所认为的更多，这是因为，史书的抄录者在誊抄的同时也在编辑这些作品，使它们呈现出全新的形态。结果就是，中世纪早期史书的每种版本（实质上就是每个抄本）都提供了一个实际上不同的文本，而每个这样的文本本身都具备研究价值。[⑭]

这些作家笔下的历史与古典时代的年代记作家和史家的历史有着非常不同的意味。[⑮] 对他们来说，罗马帝国是地中海和拉丁西部世界经历的一个历史阶段，其背后的整体历史进程所具有的意义极为重要。这当然并非 6—7 世纪的新观念，甚至亦非 4—5 世纪的发明。救赎史的观念可以追溯至圣经和基督徒对圣经的早期使用。后罗马时代的创新体现在，几乎所有的历史书写，包括看上去十分简单的编年史，都努力把史料放在一个宗教架构之中。即便这些历史书写用到了更传统的罗马纪年方式——"罗马建城以来"（AUC, *ab urbe condita*），以及皇帝和执政官纪年——，它们也只是从属于自创世或亚伯拉罕起始的纪年之法。

因此，7 世纪时，西方基督教世界中的历史时间或者说线性时间，基本是由救赎史的概念主导的。周期性的时间，包括季节和节庆日，同样也带有浓烈的宗教色彩。354 年《菲洛卡鲁斯历》（*Calendar of Philocalus*）中所见的那种罗马节庆列表，[⑯] 被《哲罗姆殉道士历》（*Hieronymian Martyrology*）取代。这部由圣徒纪念日构成的年历可能

[㉜] Wallace-Hadrill, *The Fourth Book of the Chronicle of Fredegar*, pp. x–xi.

[㉝] Wood, *The Politics of Identity in Visigothic Spain*.

[㉞] Reimitz, *History, Frankish Identity and the Framing of Western Ethnicity*.

[㉟] Burgess and Kulikowski, *Mosaics of Time*, vol. 1, *A Historical Introduction to the Chronicle Genre from its Origins to the High Middle Ages*; Wood, "Universal Chronicles in the Early Medieval West".

[㊱] Salzman, *On Roman Time*.

最初编撰于 7 世纪初。[437] 同时，还有结合了春分日期和逾越节太阴历算法的复活节表，被用以计算复活节日期。[438] 时间本身已经被基督教化了。

在后罗马时代的西部世界，生活肯定比 4 世纪时要更苦一些，至少对上层阶级来说是如此。然而，后罗马时代的西部世界依旧有文化生活——墨洛温、西哥特、伦巴德和教宗地区的多个地方都见证了此种文化的存在。从知识水准上看，早期中世纪文化在创造性方面不如之前的时代——但是，4 世纪末和 5 世纪初从事写作的那些知识巨人，就数量而言，历史上很少有别的哪个时代可以匹敌（尽管马鲁一开始对奥古斯丁的评价是有所保留的）。然而，之后的数个世纪也有大思想家，特别是大格里高利和伊西多尔；同时，一些次等的思想人物对历史和他们自身在宇宙中的位置也有很深刻的思考。他们受到忽视，是因为他们的关切被归类于神学，而非哲学、史学，甚至科学（对那些研讨复活节日期算法的作家而言）。[439] 但是，正如教会主导了后罗马时代生活的其他领域，知识领域无疑也受其主导。

那么，我们该如何看待吉本在《罗马帝国衰亡史》中的叙述和他的那些追随者的历史阐释呢？吉本的很多细节观察被证明依旧成立，但他用宗教和野蛮来解释西罗马帝国的崩溃是很难站住脚的。正如本书所论证的，蛮族实难对罗马的灭亡负责，尽管没能很好地应对蛮族问题在政治上是灾难性的。尽管吉本正确地指出，教会是从 4 世纪初到 7 世纪初的历史变迁的关键，但西部帝国的灭亡同样不能被归咎于宗教。大体而言，4 世纪初的罗马帝国仅仅在肤浅的意义上是一个基督教帝国；三百年之后，我们看到的是一个由彻底基督教化的王国构成的世界。除非把基督教视为一种退步，我们很难把这个时代视为"文明的终结"。如果把这个时代视为一种根本的转型，就可以回避这种价值判断。这一

118

---

[437]　Lifshitz, *The Name of the Saint*, pp. 13–29.

[438]　Warntjes, "Computus as Scientific Thought in Ireland and the Early Medieval West".

[439]　Ibid.; Wood, *The Priest, the Temple and the Moon in the Eighth Century*.

转型的核心是教会的确立，转型不仅波及宗教，同样也对政治和社会的各个方面产生了影响。

　　尽管本书中使用的材料来自整个地中海世界，我的聚焦还是在西部世界，学者们一般认为，教会对西部世界的影响不如对拜占庭帝国的东部世界大。事实上，弗伦德将罗马帝国东西部在4—5世纪的不同命运，归因于修道主义在东西部的势力差异，并提出，修士确保了罗马帝国在东部的幸存。[48]几乎可以肯定，5世纪时东部世界的修道主义要比西部发达，但是，7世纪时可能就不是这样了。我们当然可以说，西部帝国在那时已经消亡了，很多所谓的"蛮族"王国将它取而代之。我们也可以说，公元600年时拜占庭世界和西部世界在行政体系和军事组织上反差很大。然而，就宗教领域而言（文化领域大概也是），我们不应轻易地认为两者之间存在巨大差异，与东部世界中一样，主教、教士和圣徒在6—7世纪西部世界的继承王国中同样扮演了举足轻重的角色。

　　我对教会的强调还可做一项引申。它意味着我们需要重估8世纪。与其认为加洛林家族为一个在宗教和文化上贫瘠的时代重新注入了活力，我们不如这样问，查理·马特和丕平三世是否短暂地破坏了一个本质上以宗教为中心的社会–政治体系。尽管学者倾向于认为，加洛林时代在基督教统治意识形态领域取得了重大进展，但我们可能应该将之视为对一个宗教体系的重建，一开始破坏这个宗教体系的就是加洛林人自己的阿努尔夫家族祖先。查理·马特推行了教会财产世俗化的政策，以应对伊斯兰军队来到欧洲后出现的军事改革需要。

　　换言之，基督教的胜利，特别是教会的胜利，而非罗马的灭亡或蛮族的到来，才是4—7世纪的主要历史特征。虽然我不同意吉本将此视

---

[48]　Frend, "The Monks and the End and Survival of the East Roman Empire in the Fifth Century", p. 24.

为历史倒退的看法，但我也坚持认为，我们不应该将这个时代视为现代史的开端——尽管牛津大学的现代史学科以 284 年为起始年份。相反，我认为，后罗马时代以宗教为秩序中心的历史世界需要与其他"神庙社会"比较，如法老时代的埃及、古代玛雅、印度的朱罗和毗奢耶那伽罗政权，或是柬埔寨的佛教文明。[41]尽管存在大量的文化和政治连续性，但中世纪早期的世界与孕育它的古典世界是非常不同的，两者之间的核心差异并不是蛮族的到来，而是基督教会在几乎所有生活领域中占据的主导地位。 　120

---

[41]　关于社会的"仪式穿透"（ritual penetration），参见 Haldon, *The State and the Tributary Mode of Production*, pp. 241-251, and Haldon, "Framing Transformation, Transforming the Framework", p. 335。

附　录

教士授职

《教宗列传》中记载的从西尔维斯特到格里高利一世的授职

（页码出自 *The Book of Pontiffs*, ed. and trans. Davis）

西尔维斯特（314—335 年在任）
　（第 27 页）
授职典礼次数：6 次在 12 月
授职主教人数：65
授职司铎人数：42
授职执事人数：26

马可（336 年在任）
　（第 28 页）
授职典礼次数：2 次在 12 月
授职主教人数：27
授职司铎人数：25
授职执事人数：6

圣朱利安一世（337—352 年在任）
　（第 28 页）
授职典礼次数：3 次在 12 月
授职主教人数：9
授职司铎人数：18
授职执事人数：4

利贝留斯（352—366 年在任）
　（第 30 页）
授职典礼次数：2 次在 12 月
授职主教人数：19
授职司铎人数：18
授职执事人数：5

菲利克斯二世（355—365 年在任）
　（第 30 页）
授职典礼次数：1 次在 12 月
授职主教人数：19
授职司铎人数：21
授职执事人数：5

达玛苏一世（336—384 年在任）
　（第 31 页）
授职典礼次数：5 次在 12 月
授职主教人数：62
授职司铎人数：31
授职执事人数：11

附　录

西里修斯（384—399 年在任）
　（第 32 页）
授职典礼次数：5 次在 12 月
授职主教人数：32
授职司铎人数：31
授职执事人数：16

阿纳斯塔修斯一世（399—402 年在任）
　（第 32 页）
授职典礼次数：2 次在 12 月
授职主教人数：11
授职司铎人数：9
授职执事人数：5

英诺森一世（402—417 年在任）
　（第 34 页）
授职典礼次数：4 次在 12 月
授职主教人数：54
授职司铎人数：30
授职执事人数：12

左西莫斯（417—418 年在任）
　（第 34 页）
授职典礼次数：1 次在 12 月
授职主教人数：8
授职司铎人数：10
授职执事人数：3

博尼法斯一世（418—422 年在任）
　（第 34 页）
授职典礼次数：1 次在 12 月
授职主教人数：36
授职司铎人数：13
授职执事人数：3

西莱斯廷一世（422—432 年在任）
　（第 36 页）
授职典礼次数：3 次在 12 月
授职主教人数：46

授职司铎人数：32
授职执事人数：12

赛克图斯三世（432—440 年在任）
　（第 38 页）
授职典礼次数：3 次在 12 月
授职主教人数：52
授职司铎人数：28
授职执事人数：12

利奥一世（440—461 年在任）
　（第 40 页）
授职典礼次数：4 次在 12 月
授职主教人数：185
授职司铎人数：81
授职执事人数：31

希拉利（461—468 年在任）
　（第 42 页）
授职典礼次数：1 次在 12 月
授职主教人数：22
授职司铎人数：25
授职执事人数：6

辛卜力乌斯（468—483 年在任）
　（第 43 页）
授职典礼次数：3 次在 12 月和 2 月
授职主教人数：88
授职司铎人数：58
授职执事人数：11

菲利克斯三世（483—492 年在任）
　（第 44 页）
授职典礼次数：2 次在 12 月
授职主教人数：31
授职司铎人数：28
授职执事人数：5

格拉修一世（492—496 年在任）
　（第 45 页）

授职典礼次数：2 次在 12 月和 2 月

授职主教人数：67

授职司铎人数：32

授职执事人数：2

阿塔斯纳修斯二世（496—498 年在任）

（第 45 页）

授职典礼次数：1 次在 12 月

授职主教人数：16

授职司铎人数：12

授职执事人数：0

辛玛库（498—514 年在任）

（第 48 页）

授职典礼次数：4 次在 12 月和 2 月

授职主教人数：117

授职司铎人数：92

授职执事人数：16

圣何尔米斯达（514—523 年在任）

（第 50 页）

授职典礼次数：12 月

授职主教人数：55

授职司铎人数：21

授职执事人数：0

约翰一世（523—526 年在任）

（第 52 页）

授职典礼次数：？

授职主教人数：15

授职司铎人数：0

授职执事人数：0

菲利克斯四世（526—530 年在任）

（第 52—53 页）

授职典礼次数：2 次在 2 月和 3 月

授职主教人数：29

授职司铎人数：55

授职执事人数：4

博尼法斯二世（530—532 年在任）

（第 53 页）

授职典礼次数：0

授职主教人数：0

授职司铎人数：0

授职执事人数：0

约翰二世（533—535 年在任）

（第 54 页）

授职典礼次数：1 次在 12 月

授职主教人数：21

授职司铎人数：15

授职执事人数：0

阿格丕（535—536 年在任）

（第 55 页）

授职典礼次数：1

授职主教人数：11

授职司铎人数：0

授职执事人数：4

西尔维（536—537 年在任）

（第 58 页）

授职典礼次数：1 次在 12 月

授职主教人数：18

授职司铎人数：14

授职执事人数：5

维吉里（537—555 年在任）

（第 61 页）

授职典礼次数：2 次在 12 月

授职主教人数：81

授职司铎人数：46

授职执事人数：16

伯拉纠一世（556—561 年在任）

（第 61 页）

授职典礼次数：2 次在 12 月

授职主教人数：49

授职司铎人数：26

授职执事人数：9

约翰三世（561—574 年在任）

（第 62 页）

授职典礼次数：2 次在 12 月

授职主教人数：61

授职司铎人数：38

授职执事人数：13

本笃一世（575—579 年在任）

（第 63 页）

授职典礼次数：2 次在 12 月

授职主教人数：21

授职司铎人数：15

授职执事人数：3

伯拉纠二世（579—590 年在任）

（第 63 页）

授职典礼次数：2 次在 12 月

授职主教人数：48

授职司铎人数：28

授职执事人数：8

格里高利一世（590—604 年在任）

（第 63 页）

授职典礼次数：2 次在大斋期和 12 月

授职主教人数：62

授职司铎人数：39

授职执事人数：5

《勒芒主教行传》中记载授职

（页码出自 *Geschichte des Bistums Le Mans,* ed. Weidemann ；亦参考 Godding, *Prêtres en Gaule mérovingienne*, p. 458 中的表格）

利贝里乌斯（348—396 年在任）

（第 41 页）

授职典礼次数：96

授职司铎人数：217

授职执事人数：186

授职副执事人数：93

维克多鲁斯一世（《行传》中记载的任职时长为 24 年，7 个月，13 天）

（第 43 页）

授职典礼次数：52

授职司铎人数：305

授职执事人数：212

普利西皮乌斯（497 ？—511 年？在任，《行传》中记载的任职时长为 29 年，

1 个月，21 天）

（第 48 页）

授职典礼次数：32

授职司铎人数：205

英诺森（533 ？—559 年？在任，《行传》中记载的任职时长为 45 年，10 个月，25 天）

（第 51 页）

授职典礼次数：50

授职司铎人数：319

多姆诺鲁斯（559—581 年在任，《行传》中记载的任职时长为 46 年，11 个月，24 天）

（第 57 页）

授职典礼次数：75

授职司铎人数：360

授职执事人数：250

贝拉利乌斯（约 658—约 673 年在任，
《行传》中记载的任职时长为 26 年，
4 个月，14 天）
（第 76 页）

授职典礼次数：61

授职司铎人数：405

授职执事人数：228

阿吉贝尔特（673/674—698/699 年在任，
《行传》中记载的任职时长为 34 年，

6 个月，11 天）
（第 82 页）

授职典礼次数：75

授职司铎人数：300

授职执事人数：310

厄尔勒蒙德（698/699—721 年在任，《行
传》中记载的任职时长为 26 年，9
个月，13 天）
（第 87 页）

授职典礼次数：38

授职司铎人数：283

授职执事人数：182

拓展阅读

Brown, Peter. *The World of Late Antiquity*. London, 1971. 推动古代晚期研究复兴的开创性作品。

——. *The Rise of Western Christendom, Triumph and Diversity AD 200—1000*. Oxford, 1996; 2nd ed. Oxford, 2003. 对作为历史动因的基督教的兴起的重要考察。

Bury, John Bagnall. *History of the Later Roman Empire from the Death of Theodosius I to the Death of Justinian*. London, 1923. 这部著作依旧是最好的叙事性概览。

Delaplace, Christine. *La fin de l'Empire romain d'Occident: Rome et les Wisigoths de 382 à 531*. Rennés, 2015. 对西罗马帝国终结的政治原因最清晰的陈述。

Geary, Patrick. *Before France and Germany: The Creation and Transformation of the Merovinigan World*. Oxford, 1988. 对墨洛温王朝兴衰的杰出研究。

Gibbon, Edward. *Decline and Fall of the Roman Empire*. London, 1776—88. 对本书涉及的整个历史时段的经典阐释。

Goffart, Walter. *Barbarians and Romans AD 418—584: The Teehniques of Accommodation*. Princeton, 1980. 这部著作重启了对蛮族定居问题的学术讨论

——. *Barbarian Tides: The Migration Age and the Later Roman Empire*. Philadelphia, 2006. 这部著作质疑了日耳曼迁徙的规模。

Halsall, Guy. *Warfare and Society in the Barbarian West, 450—900*. London, 2003. 对后罗马世界的军事史的出色导论。

——. *Barbarian Migrations and the Roman West 376—568*. Cambridge, 2007. 对大迁徙时代的优秀史学叙述。

Heinzelmann, Martin. *Gregory of Tours: History and Society in the Sixth Century*. Cambridge, 2001. 对图尔的格里高利的当代经典研究。

Hen, Yitzhak. *Culture and Religion in Merovingian Gaul, AD 481—751*. Leiden, 1995. 对墨洛温宗教文化最全面的研究。

Jones, A. H. M. *The Later Roman Empire, 284—601: A Social, Economic and Administrative Survey*. 3 vols. Oxford, 1964. 对历史证据最全面的考察。

Lenski, Noel E. *Failure of Empire: Valens and the Roman State in the Fourth Century*.

Berkeley, 2001. 对具有历史关键意义的瓦伦斯朝的重要研究。

Markus, Robert A. *The End of Ancient Christianity*. Cambridge, 1990. 对古代晚期和早期中古时段基督教内部变迁极为精微的分析。

——. *Gregory the Great and his World*. Cambridge, 1997. 对格里高利一世最清晰的叙述。

Marrou, Henri Irenée. *Saint Augustin et la fin de la culture antique*. Paris, 1938; 2nd ed. Paris, 1949. 对晚期罗马文化具有开创性的分析。

——. *Décadence ou antiquité tardive? IIIe—VIe siècle*. Paris, 1977. 对布朗的《古代晚期的世界》的重要回应。

Matthews, John F. *Western Aristocracies and Imperial Court, AD 364—425*. Oxford, 1975. 对晚期罗马贵族的经典分析。

McEvoy, Meaghan. *Child Emperor Rule in the Late Roman West, AD 367—455*. Oxford, 2013. 对晚期罗马帝国西部政治结构的重要分析。

Mathisen, Ralph W. *Ecclesiastical Factionalism and Religious Controversy in Fifth-Century Gaul*. Washington, DC: 1989. 对 5 世纪高卢教会的重要叙述。

Merrills, Andy, and Richard Miles. *The Vandals*. Oxford, 2010. 对汪达尔人的最新叙述。

Pelikan, Jaroslav. *The Excellent Empire: The Fall of Rome and the Triumph of the Church*. San Francisco, 1987. 对政教关系极为清晰的叙述。

Pohl, Walter. *Die Awaren. Ein Steppenvolk im Mitteleuropa 567—822 n. Chr*. Munich, 1988. 对阿瓦尔人的重要研究。

Prinz, Friedrich. *Frühes Mönchtum im Frankenreich*. Kempten, 1985. 对高卢和墨洛温修道主义的开创性叙述。

Reimitz, Helmut. *History, Frankish Identity and the Framing of Western Ethnicity, 550—850*. Cambridge, 2015. 对法兰克世界的历史书写最全面的叙述。

Thompson, Edward A. *Romans and Barbarians: The Decline of the Western Empire*. Madison, 1982. 针对西哥特人的一组关键论文。

Treadgold, Warren. *Byzantium and its Army, 284—1081*. Stanford, 1995. 对晚期罗马帝国和后罗马军队的优秀考察。

Walbank, Frank W. *The Decline of the Roman Empire in the West*. London, 1946; 再版为 *The Awful Revolution: The Decline of the Roman Empire in the West*. Liverpool, 1969。对西罗马帝国终结的激进解读。

Wallace-Hadrill, J. Michael. *The Barbarian West*. London, 1952; 3rd ed. London, 1967. 针对蛮族世界的一组开创性论文。

Ward-Perkins, Bryan. *The Fall of Rome and the End of Civilization*. Oxford, 2005. 对西罗马帝国终结最悲观的解读，同时也是最具争议的解读之一。

Wickham, Chris. *Framing the Early Middle Ages: Europe and the Mediterranean, 400—800*. Oxford, 2005. 对后罗马时代的社会经济史最有力的重估。

Wolfram, Herwig. *History of the Goths*. Berkeley, 1988. 对哥特历史最全面的叙述。

Wood, Ian N. *The Merovingian Kingdoms, 450—751*. London, 1994. 对墨洛温历史的优秀考察。

——— . *The Modern Origins of the Early Middle Ages*. Oxford, 2013. 针对早期中古欧洲史研究的史学史的概览。

Wipszycka, Ewa. *Moines et Communautés monastiques en Égypte (IVe—VIIIe siècles), The Journal of Juristic Papyrology*, Supplement XI. Warsaw, 2009. 对埃及修道主义的重要叙述。

参考文献

原始文献

Actus Pontificum Cenomannis in urbe degentium. Edited by Margarete Weidemann, *Geschichte des Bistums Le Mans von der Spätantike bis zur Karolingerzeit*. 3 vols. Mainz, 2002.

Agnellus of Ravenna. *Liber Pontificalis sive Vitae Pontificum Ravennatum*. Edited by O. Holder-Egger. MGH, Scriptores Rerum Langobardicarum et Italicarum saec. VI-IX, pp. 265–391. Hannover, 1878.

Ambrose. *Epistulae, Liber X*. Edited by M. Zelzer, CSEL 82, 3. Vienna, 1982. Translated by J. H. Wolf G. Liebeschuetz. *Ambrose of Milan, Political Letters and Speeches*. Liverpool, 2005.

Augustine. Ep. 55. Edited by A. Goldbacher. *S. Augustini Hipponensis Episcopi Epistulae*, pars. IV, epp. 185–270, CSEL 57. Vienna, 1911.

Bede. *Epistola ad Ecgbertum*. Edited by Christopher Grocock and Ian Wood. *Abbots of Wearmouth and Jarrow*. Oxford, 2013.

——. *Historia Ecclesiastica Gentis Anglorum*. Edited by Bertram Colgrave and R. A. B. Mynors. Oxford, 1969.

Bertram of Le Mans. *Testamentum*. Edited by Margarete Weidemann. *Das Testament des Bischofs Berthramn von Le Mans vom 27. März 616. Untersuchungen zu Besitz und Geschichte einer fränkischen Familie im 6. und 7. Jahrhundert*. Mainz, 1986.

Codex Euricianus. Edited by Karl Zeumer. MGH, LL I. Hannover, 1902.

Codex Theodosianus. Edited by Theodor Mommsen and Paul M. Meyer, P. M. *Codex Theodosianus*. Berlin, 1905. Translated by Clyde Pharr. *The Theodosian Code*. New York, 1952.

Columbanus. Ep. II. In *Sancti Columbani Opera*. Edited by G. S. M. Walker. Dublin, 1957.

Constantius. *Vita Germani Autissiodorensis*. Edited by René Borius. *Constance de Lyon, Vie de saint Germain d'Auxerre*. Sources Chrétiennes 112. Paris, 1965. Translated by F. H. Hoare. *The Western Fathers*, pp. 283–320. London, 1954.

Council of Carthage (397). Edited by Charles Munier. *Concilia Africae a. 345–a. 525*. CCCL 149, pp. 173–247. Turnhout, 1974.

Council of Carthage (401). Edited by Charles Munier. *Concilia Africae a. 345–a. 525*. CCCL 149, pp. 173–247. Turnhout, 1974.

Council of Tours (567). Edited by B. Basdevant. *Les Canons des Con-*

ciles Mérovingiens (VIᵉ-VIIᵉ siècles), vol. 2, pp. 346-99. Paris, 1989.

Cyprian, Firminus, Viventius, Messianus, and Stephanus. *Vita Caesarii*. Edited by Germain Morin. *Sancti Caesarii episcopi Arelatensis Opera Omnia*, vol. 2. Maredsous, 1941. Translated by William E. Klingshirn. *Caesarius of Arles, Life, Testament, Letters*. Liverpool, 1994.

Defensor of Ligugé. *Liber Scintillarum*. Edited by H.-M. Rochais. *Defensor de Ligugé, Livre d'étincelles*. 2 vols. Sources Chrétiennes 77 and 86. Paris, 1961-62.

De locis sanctis martyrum quae sunt foris civitatis Romae and Ecclesiae quae intus Romae habentur, Itineraria et alia Geographica. CCSL CLXXV, pp. 314-22. Turnhout, 1965.

De Provinciis Italiae, Itineraria et alia Geographica. CCSL CLXXV, pp. 366-68. Turnhout, 1965.

De Terminatione Provinciarum Italiae, Itineraria et alia Geographica. CCSL CLXXV, pp. 348-63. Turnhout, 1965.

Eugippius. *Vita Severini*. Edited by Philippe Régerat, *Eugippe, Vie de saint Séverin*. Sources Chrétiennes 374. Paris, 1991.

Gelasius. *Decreta papae Gelasii*. PL 59, cols. 13-190.

Gerontius. *Life of Melania*. Edited and translated by Denys Gorce. *Geronce, Vie de sainte Mélanie*. Sources Chrétiennes 90. Paris, 1962.

Gesta Patrum Fontanellensis coenobii. Edited by Pascal Pradié. *Chronique des abbés de Fontenelle (Saint-Wandrille)*. Paris, 1999.

Gesta Pontificum Autissiodorensium. Edited by Michel Sot, *Les Gestes des Évêques d'Auxerre*. 2 vols. Paris, 2006.

Gildas. *De Excidio Britonum*. Edited by Michael Winterbottom, *Gildas, The Ruin of Britain and Other Documents*. London, 1978.

Gregory I. *Dialogues*. Edited by Adalbert de Vogüé. *Grégoire le Grand, Dialogues*. 3 vols. Sources Chrétiennes 251, 260, 265. Paris, 1978-80.

Gregory I. *Register*. Edited by Dag Norberg. CCSL CXL, CXLA. Turnhout, 1982.

Gregory of Tours. *Decem Libri Historiarum*. Edited by Bruno Krusch and Wilhelm Levison. MGH, Scriptores Rerum Merovingicarum I, 1. Hannover, 1951.

——. *Liber in Gloria Confessorum*. Edited by Bruno Krusch. MGH, Scriptores Rerum Merovingicarum I, 2. Hannover, 1885. Translated by Raymond Van Dam. *Gregory of Tours, Glory of the Confessors*. Liverpool, 1988.

——. *Liber in Gloria Martyrym*. Edited by Bruno Krusch. MGH, Scriptores Rerum Merovingicarum I, 2. Hannover, 1885. Translated by Raymond Van Dam. *Gregory of Tours, Glory of the Martyrs*. Liverpool, 1988.

——. *Liber Vitae Patrum*. Edited by Bruno Krusch. MGH, Scriptores Rerum Merovingicarum I, 2. Hannover, 1885. Translated by Edward James. *Gregory of Tours, Life of the Fathers*. Liverpool, 1985.

Heraclius. *Novellae*. Edited by J. Konidaris. Fontes Minores 5, pp. 33-106. Frankfurt-am-Main, 1982.

Hilary of Arles. Edited by Marie-Denise Valentin. *Hilaire d'Arles, Vie de saint Honorat*. Sources Chrétiennes 235. Paris, 1977.

Hydatius. Edited and translated by Richard W. Burgess. *The Chronicle of Hydatius and the Consularia Italica*. Oxford, 1993.

Itinerarium Malmesburiense, Itineraria et alia Geographica. CCSL CLXXV, pp, 324-28. Turnhout, 1965.

Jerome. *Epistulae*. Edited by Isidore Hilberg. *Sancti Eusebii Hieronymi Epistulae* 3. CSEL 56. Vienna, 1948.

Jonas of Bobbio. *Vita Columbani*. Edited by Bruno Krusch, *Ionae Vitae sanctorum Columbani, Vedastis, Iohannis*. MGH, Scriptores in usum scholarum. Hannover, 1905. Translated by Alexander O'Hara and Ian N. Wood. *Jonas of Bobbio, Life of Columbanus, Life of John of Réomé, and Life of Vedast*. Liverpool, 2017.

Justinian. *Novellae*. Edited by R. Schoell and W. Kroll. *Corpus Iuris Civilis*, vol. 3. Berlin, 1912. Translated by S. P. Scott. droitromain.umpf-grenoble.fr.

Leges Visigothorum. Edited by Karl Zeumer. MGH, Leges I, 1. Hanover, 1902.

Lettre des archimandrites d'Arabie aux évêques orthodoxes. Edited and translated by J.-B. Chabot. Corpus Scriptorum Christianorum Orientalium 52. Louvain 1952.

Libanius. *Oration 30*. Edited and translated by A. F. Norman. *Libanius, Selected Orations*, vol. 2, pp. 92-151. Cambridge, MA, 1977.

Liber Pontificalis. Edited by Louis Duchesne. 2 vols. Paris, 1886-92. Translated by Raymond Davis. *The Book of the Pontiffs (Liber Pontificalis). The Ancient Biographies of the First Ninety Roman Bishops to AD 715*. Rev. ed. Liverpool, 2000.

Marcellinus *Comes. Chronicle*. Edited and translated by Brian Croke. *The Chronicle of Marcellinus*. Sydney, 1995.

Notitia ecclesiarum urbis Romae, Itineraria et alia Geographica. CCSL CLXXV, pp. 304-11. Turnhout, 1965.

Notitia provinciarum et civitatum Africae. Edited by Karl Halm. MGH, AA III, 1, pp. 63-71. Berlin, 1879.

Notitia Provinciarum et Civitatum Galliae, Itineraria et alia Geographica. CCSL CLXXV, pp. 379-406. Turnhout, 1965.

Orosius. *Historia adversus Paganos*. Edited by Marie-Pierre Arnaud-Lindet. *Orose, Histoires contre les païens*. 3 vols. Paris, 2003. Translated by Andrew T. Fear. *Orosius, Seven Books of History against the Pagans*. Liverpool, 2010.

Parochiale Suevum, Itineraria et alia Geographica. CCSL CLXXV, pp. 412-20. Turnhout, 1965.

Procopius. *History of the Wars*. Edited and translated by H. B. Dewing. 5 vols. Cambridge, MA, 1914-28.

Prosper. *Chronicle*. Edited by Theodor Mommsen. MGH, Auctores Antiquissimi IX, pp. 341-485. Berlin, 1892.

Provinciale Visigothicum, Itineraria et alia Geographica. CCSL CLXXV, pp. 421-28. Turnhout, 1965.

Rutilius Namatianus. *De reditu suo*. Edited and translated by J. Wight Duff and Arnold M. Duff. *Minor Latin Poets*, vol. 2, pp. 753-829.

Cambridge, MA, 1935.

Salvian. *Ad Ecclesiam*. Edited by Georges Lagarrigue. *Salvien de Marseille, Œuvres*, vol. 1. Sources Chrétiennes. Paris, 1971.

——. *De Gubernatione Dei*. Edited by Georges Lagarrigue. *Salvien de Marseille, Œuvres*, vol. 2. Sources Chrétiennes. Paris, 1975.

Sidonius Apollinaris. Edited by A. Loyen. *Sidoine Apollinaire*, vol. 1, *Poèmes* (Paris, 1960). Edited and translated by W. B. Anderson and W. Semple. *Sidonius Apollinaris*. 2 vols. Cambridge, MS, 1936.

Socrates Scholasticus. *Historia Ecclesiastica*, PG 67.

Sulpicius Severus. *Chronicle*. Edited by Ghislaine de Senneville-Grave. *Sulpice Sévère, Chroniques*. Sources Chrétiennes 441. Paris, 1999.

——. *Epistulae*. Edited by C. Halm. *Corpus Scriptorum Ecclesiasticorum Latinorum* 1. Vienna, 1866.

——. *Vita Martini*. Edited by Jacques Fontaine. *Sulpice Sévère, Vie de saint Martin*. 3 vols. Sources Chrétiennes 37-39. Paris, 1967-69.

Symmachus. *Relationes*. Edited by R. H. Barrow. *Prefect and Emperor: The Relationes of Symmachus*. Oxford, 1973.

Synesius of Cyrene. *De Regno*, PG 66: online translation at Livius.org.

Synod of Auxerre. Edited by B. Basdevant. *Les Canons des Conciles Mérovingiens (VIe-VIIe siècles)*, vol. 2, pp. 486-505. Paris, 1989.

Theodoret. *Historia Ecclesiastica*, PG 82.

Vegetius. *De re militari*. Translated by N. P. Milner. *Vegetius: Epitome of Military Science*. 2nd ed. Liverpool, 1996.

Victor of Tununa. *Chronica*. Edited by Theodor Mommsen. MGH, AA XI, Chronica Minora, vol. 2, pp. 184-206. Berlin, 1894.

Victor of Vita. *Historia Persecutionis Vandalorum*. Edited by Serge Lancel. *Victor de Vita, Histoire de la persécution vandale en Afrique*. Paris, 2002. Translated by John Moorhead. *Victor of Vita: History of the Vandal Persecution*. Liverpool, 1992.

Vita Sabini, Acta Sanctorum, February, vol. 2, pp. 323-28.

Vitas Patrum Emeretensium. Edited by A. Maya Sánchez. *Vitas sanctorum patrum Emeretensium*. CC 116. Turnhout, 1992. Translated by Andrew T. Fear. *Lives of the Visigothic Fathers*, pp. 45-105. Liverpool, 1997.

二手文献

A. H. M. Jones and the Later Roman Empire. Edited by David M. Gwynn. Leiden, 2008.

Alchermes, Joseph. "Spolia in Roman Cities of the Late Empire: Legislative Rationales and Architectural Reuse." *Dumbarton Oaks Papers* 48 (1994): 167-78.

Arianism: Roman Heresy and Barbarian Creed. Edited by Guido Berndt and Roland Steinacher. Farnham, 2014.

Atsma, Hartmut. "Klöster und Mönchtum im Bistum Auxerre bis zum Ende des 6. Jahrhunderts." *Francia* 11 (1983): 1-96.

——. "Les monastères urbains du Nord de la Gaule." *Revue d'Histoire de l'Église de France* 62 (1976): 163-87.

Bailey, Lisa Kaaren. *Christianity's Quiet Success: The Eusebius Gal-*

licanus Sermon Collection and the Power of the Church in Late Antique Gaul. South Bend, 2010.

Banaji, Jairus. "Aristocracies, Peasantries and the Framing of the Early Middle Ages." In *Exploring the Economy of Late Antiquity: Selected Essays*, pp. 143-77. Cambridge, 2016.

———. "The Economic Trajectories of Late Antiquity." In *Exploring the Economy of Late Antiquity: Selected Essays*, pp. 61-88. Cambridge, 2016.

Barbier, Josiane. *Archives oubliées du hentaut Moyen Âge: Les gesta municipalia en Gaule franque (VIᵉ-IXᵉ siècle)*. Paris, 2014.

Barnes, Timothy D. *Constantine and Eusebius*. Cambridge, MA, 1981.

Barrett, Graham and George Woudhuysen. "Remigius and the 'Important News' of Clovis Rewritten." *Antiquité Tardive* 24 (2016): 471-500.

Berger, Jean. *Droit, société et parenté en Auvergne médiévale (VIᵉ-XIVᵉ siècles): Les écritures de la basilique Saint-Julien de Brioude*. Doctorat d'histoire, Université Jean Moulin, Lyon III. 2016.

Berlière, Ulrich. "Les nombres des moines dans les anciens monastères." *Revue Bénédictine* 41 (1929): 231-61.

———. "Les nombres des moines dans les anciens monastères." *Revue Bénédictine* 42 (1930): 19-42.

Binon, S. *Essai sur le cycle de saint Mercure*. Paris, 1937.

Bischoff, Bernhard and Wilhelm Koehler. "Eine illustrierte Ausgabe der spätantiken Ravennater Annalen." In *Medieval Studies in Memory of A. Kingsley Porter*, edited by R. W. H. Koehler, pp. 125-38. Cambridge, MA, 1939.

Brandes, Wolfram. "Kaiserprophetien und Hochverrat. Apokalyptische Schriften und Kaiservaticinien als Medium antikaiserlicher Propaganda." In *Endzeiten: Eschatologie in den monotheistischen Weltreligionen*, edited by Wolfram Brandes and Felicitas Schmieder, pp. 157-200. *Millenium-Studien* 16. Berlin, 2008.

———. "Sieben Hügel: Die imaginäre Topographie Konstantinopels zwischen apokalyptischen Denken und moderner Wissenschaft." *Rechtsgeschichte* 2 (2003): 58-71.

Brenk, Beat. "Spolia from Constantine to Charlemagne: Aesthetics Versus Ideology." *Dumbarton Oaks Papers* 41 (1987): 103-09.

Brennecke, Hanns Christof. "Deconstruction of the So-called Germanic Arianism." In *Arianism: Roman Heresy and Barbarian Creed*, edited by Guido Berndt and Roland Steinacher, pp. 117-30. Farnham, 2014.

Brooks, Nicholas P. "Rochester Bridge, AD 43-1381." In *Traffic and Politics: The Construction and Management of Rochester Bridge, AD 43-1993*, edited by N. Yates and J. Gibson, pp. 3-40. Woodbridge, 1994.

Brown, Peter. *Augustine of Hippo*. London, 1967.

———. *The Cult of the Saints: Its Rise and Function in Latin Christianity*. Chicago, 1981.

———. *Poverty and Leadership in the Later Roman Empire*. Hanover, 2002.

——. *The Ransom of the Soul: Afterlife and Wealth in Early Western Christianity*. Cambridge, MA, 2015.

——. *Religion and Society in the Age of Saint Augustine*. London, 1972.

——. *Society and the Holy in Late Antiquity*. London, 1982.

——. *Through the Eye of a Needle: Wealth, the Fall of Rome, and the Making of Christianity in the West, 350-550 AD*. Princeton, 2012.

——. *Treasure in Heaven: The Holy Poor in Early Christianity*. Charlottesville, 2016.

Brown, Thomas S. *Gentlemen and Officers: Imperial Administration and Aristocratic Power in Byzantine Italy, AD 554-800*. Rome, 1984.

de Bruyn, T. "Ambivalence within a 'Totalizing Discourse': Augustine's Sermons on the Sack of Rome." *Journal of Early Christian Studies* 1 (1993): 405-21.

Bull, Marcus. "Pilgrimage." In *The Oxford Handbook of Medieval Christianity*, edited by John Arnold, pp. 201-16. Oxford, 2014.

Burgess, Richard W. and Michael Kulikowski. *Mosaics of Time: The Latin Chronicle Traditions from the First Century BC to the Sixth Century AD*, vol. 1, *A Historical Introduction to the Chronicle Genre from its Origins to the High Middle Ages*. Turnhout, 2013.

Burrus, Virginia. *The Making of a Heretic: Gender, Authority and the Priscillianist Controversy*. Berkeley, 1995.

Bury, John Bagnall. *A History of the Later Roman Empire: From Arcadius to Irene (385 AD to 800 AD)*. 2 vols. London, 1889.

Caballero Zoreda, Luis. "Observations on Historiography and Change from the Sixth to Tenth Centuries in the North and West of the Iberian Peninsula." In *The Archaeology of Iberia: The Dynamics of Change*, edited by Margarita Diaz-Andreu and Simon Keay, pp. 235-64. London, 1997.

Cameron, Alan. *Claudian: Poetry and Propaganda at the Court of Honorius*. Oxford, 1970.

——. *The Last Pagans of Rome*. Oxford, 2011.

Cameron, Averil. "A. H. M. Jones and the End of the Ancient World." In *A. H. M. Jones and the Later Roman Empire*, edited by David M. Gwynn, pp. 231-49. Leiden, 2008.

——. "Education and Literary Culture." In *Cambridge Ancient History*, vol. 8, *The Late Empire, A.D. 337-425*, edited by Averil Cameron and Peter Garnsey, pp. 664-707. Cambridge, 1998.

——. "The Violence of Orthodoxy." In *Heresy and Identity in Late Antiquity*, edited by E. Ircinschi and H. M. Zelletin, esp., pp. 102-14. Tübingen, 2008.

Cammarosano, Paolo. *Nobili e re: L'Italia politica dell'alto medioevo*. Bari, 2009.

Chadwick, Henry. *Priscillian of Avila: The Occult and the Charismatic in the Early Church*. Oxford, 1975.

Chavarría Arnau. "Churches and Aristocracies in Seventh-Century Spain: Some Thoughts on the Debate on Visigothic Churches." *Early Medieval Europe* 18 (2010): 160-74.

Chitty, Derwas J. *The Desert a City: An Introduction to the Study* of Egyptian and Palestinian Monasticism under the Christian Empire. Oxford, 1966.

Christie, Neil. *The Fall of the Western Empire: An Archaeological and Historical Perspective*. London, 2011.

CLA, *Codices Latini Antiquiores*. Oxford, 1934-71. See now *Earlier Latin Manuscripts* project: elmss.nuigalway.ie *(ELM)* for an online version including subsequent addenda.

Claussen, Martin A. *The Reform of the Frankish Church: Chrodegang of Metz and the Regula Canonicorum in the Eighth Century*. Cambridge, 2004.

La Colección canónica hispana. Edited Gonzalo Martínez Díez and Félix Rodríguez. 6 vols. Madrid, 1966-2002.

Courcelle, Pierre. *Histoire littéraires des grandes invasions germaniques*. 3rd ed. Paris, 1964.

Courtois, Christian. *Les Vandales et l'Afrique*. Paris, 1954.

The Crisis of the Oikoumene: The Three Chapters and the Failed Quest for Unity in the Sixth-Century Mediterranean. Edited by Celia Chazelle and Catherine Cubitt. Turnhout, 2007.

The Cult of Saints in Late Antiquity and the Early Middle Ages. Edited by James Howard-Johnston and Paul Antony Hayward. Oxford, 1999.

Curran, John. "From Jovian to Theodosius." In *Cambridge Ancient History*, vol. 8, *The Late Empire, A.D. 337-425*, edited by Averil Cameron and Peter Garnsey, pp. 78-110. Cambridge, 1998.

Davies, Wendy. "Economic Change in Early Medieval Ireland: The Case for Growth." *Settimane di Spoleto*, LVII, *L'Irlanda e gli Irlandesi nell'alto medioevo*, pp. 111-33. Spoleto, 2010.

Davis, Raymond. *The Book of the Pontiffs (Liber Pontificalis): The Ancient Biographies of the First Ninety Roman Bishops to AD 715*. Rev. ed. Liverpool, 2000.

Dawson, Christopher. *The Making of Europe 400-1000 AD*. London, 1932; reprinted with an introduction by A. C. Murray. London, 2006.

Demandt, Alexander. *Der Fall Roms*. Munich, 1984.

Delbrück, Hans, *History of the Art of War within the Framework of Political History*, vol. 2, *The Barbarian Invasions*. Westport, 1975.

Delehaye, Hippolyte. *Les légendes grecques des saints militaries*. Paris, 1909.

Delyannis, Deborah Mauskopf. *Ravenna in Late Antiquity*. Cambridge, 2010.

Destephen, Sylvain. "Quatre études sur le monachisme asianique (IVe-VIIe siècle)." *Journal des savants* 2 (2010): 193-264.

Díaz, Pablo C. "El Parrochiale Suevum: organización eclesiástica, poder politico y pobliamento en la Gallaecia tardoantigua." In *Homenaje al profesor José María Blázquez*, vol. 6, edited by J. Alvar, pp. 35-47. Madrid, 1998.

Diefenbach, Steffen. "'Bischofsherrschaft': Zur Transformation der politischen Kultur im spätantiken und frühmittelalterlichen Gallien." In *Gallien in Spätantike und Frühmittelalter. Kulturgeschichte einer Region*, edited by G. M. Müller and Steffen Diefenbach, pp. 91-149. Berlin, 2013.

Di Segni, L., Y. Tsafrir, and J. Green. *The Onomasticon of Iudaea, Palaestina, and Arabia in Greek and Latin Sources*, vol. 1, *Introduction, Sources and Major Texts*. Jerusalem, 2015.

Documentary Culture and the Laity in the Early Middle Ages. Edited by Warren C. Brown et al. Cambridge, 2013.

The Donatist Schism: Controversy and Contexts. Edited by Richard Miles. Liverpool, 2016.

Dooley, Ann. "The Plague and its Consequences in Ireland." In *Plague and the End of Antiquity: The Pandemic of 541-750*, edited by Lester K. Little, pp. 215–28. Cambridge, 2007.

Dopsch, Alfons, *Wirtschaftliche und soziale Grundlagen der europäischen Kulturentwicklung*. Vienna, 1918-20; 2nd ed. Vienna, 1923-24. Abridged English translation, *The Economic and Social Foundations of European Civilization*. London, 1937.

Duchesne, Louis. *Fastes épiscopaux*. 3 vols. Paris, 1894-1915.

Duncan-Jones, R. *Structure and Scale in the Roman Economy*. Cambridge, 1990.

Durliat, Jean. "Les attributions civiles des évêques mérovingiens: l'exemple de Didier, évêque de Cahors (630-655)." *Annales du Midi* 91 (1979): 237-54.

Earlier Latin Manuscripts project: elmss.nuigalway.ie.

Elton, Hugh. *Warfare in Roman Europe, AD 350-425*. Oxford, 1996.

Engels, Friedrich. "The Origins of the Family, Private Property and the State." In *Selected Works*, edited by Karl Marx and Friedrich Engels, pp. 568–76. London, 1968.

Escher, Katalin. *Genèse et évolution du deuxième royaume burgonde (443-534): les témoins archéologiques*. 2 vols. BAR International Series 1402. Oxford, 2005.

Esders, Stefan. *Die Formierung der Zensualität: zur kirchlichen Transformation des spätrömischen Patronatswesens im früheren Mittelalter*. Sigmaringen, 2010.

Esmonde Cleary, Simon. *The Roman West AD 200-500: An Archaeological Survey*. Cambridge, 2013.

Figuinha, Matheus Coutinho. "Martin of Tours' Monasticism and Aristocracies in Fourth-Century Gaul." www.scielo.br/pdf/rbh/2016nahead/en_1806-9347-rbh-2016v36n71_001.pdf. 2016.

Fontaine, Jacques. *L'art préroman hispanique*, vol. 1. Pierre-qui-Vire, 1973.

——. *Isidore de Seville et la culture classique dans l'Espagne wisigothique*. 2 vols. Paris, 1959.

Fontes, Luis. "A Igreja Sueva de São Martino de Dume." *Revista de História de Arte* 6 (2008): 163-81.

Fouracre, Paul. "Eternal Light and Earthly Need." In *Property and Power in the Early Middle Ages*, edited by Wendy Davies and Paul Fouracre, pp. 53-81. Cambridge, 1995.

——. "Merovingian History and Merovingian Hagiography." *Past and Present* 127 (1990): 3-38.

——. Review of Yaniv Fox. *Power and Religion in Merovingian Gaul*. In *Peritia* 27 (2016): 263-65.

Fouracre, Paul and Richard A. Gerberding. *Late Merovingian France: History and Hagiography, 640–720*. Manchester, 1996.

The Fourth Book of the Chronicle of Fredegar. Edited and translated by Wallace-Hadrill, J. Michael. London, 1960.

Fox, Yaniv. *Power and Religion in Merovingian Gaul: Columbanian Monasticism and the Frankish Elites*. Cambridge, 2014.

Frend, William H. C. *The Donatist Church: A Movement of Protest in Roman North Africa*. Oxford, 1952.

———. "Heresy and Schism as Social and National Movements." In *Schism, Heresy and Religious Protest*, edited by Derek Baker, pp. 37-56. Cambridge, 1972.

———. "The Monks and the End and Survival of the East Roman Empire in the Fifth Century." *Past and Present* 54 (1972): 3-24.

———. *The Rise of the Monophysite Movement*. Cambridge, 1972.

Fustel de Coulanges, Numa Denis. *Histoire des Institutions Politiques de l'ancienne France*. 6 vols. Paris, 1874-92.

Garstad, Benjamin. "Authari in Paul the Deacon's Historia Langobardorum, Secundus of Trent, and the Alexander Tradition in Early Medieval Italy." *Journal of Late Antiquity* 9 (2016): 218-66.

Gasnault, Pierre. *Documents comptables de Saint-Martin de Tours à l'époque mérovingienne*. Paris, 1975.

Geary, Patrick. *Aristocracy in Provence*. Stuttgart, 1985.

Gerberding, Richard A. *The Rise of the Carolingians and the Liber Historiae Francorum*. Oxford, 1987.

Godding, Robert. *Prêtres en Gaule mérovingienne*. Brussels, 2001.

Goody, Jack. *The Development of the Family and Marriage in Europe*. Cambridge, 1983.

Greatrex, Geoffrey. "The Fall of Macedonius Reconsidered." In *Papers Presented at the Fifteenth International Conference on Patristic Studies, Studia Patristica* XLIV, edited by J. Baun et al., pp. 125-29.

Greenhalgh, Michael. *Marble Past, Monumental Present: Building with Antiquities in the Medieval Mediterranean*. Leiden, 2009.

Guidobaldi, Federico. "'Topografia ecclesiastica' di Roma (IV-VII secolo)." In *Roma dall'antichità al medioevo, archeologia e storia*, vol. 1, edited by Maria Stella Arena et al., pp. 40–51. Rome, 2001.

Gwynn, David M. "Bureaucracies, Elites and Clans: The Case of Byzantium, c. 600-1100." In *Empires and Bureaucracy in World History from Late Antiquity to the Twentieth Century*, edited by Peter Crooks and Timothy H. Parsons, pp. 147-69. Cambridge, 2016.

L'hagiographie mérovingienne à travers ses réécritures. Edited by Monique Goullet, Martin Heinzelmann, and Christiane Veyrard-Cosme. Ostfildern, 2010.

Haldon, John. *Byzantium in the Seventh Century: The Transformation of a Political Culture*. Cambridge, 1990.

———. *The Empire that Would not Die: The Paradox of Eastern Roman Survival 640-740*. Cambridge, MA, 2016.

———. "Framing Transformation, Transforming the Framework." *Millenium* 5 (2008): 327-51.

———. "Idle Mouths and Solar Heroes: A. H. M. Jones and the Conversion of Europe." In *A. H. M. Jones and the Later Roman Empire*, edited by David M. Gwynn, pp. 213-29. Leiden, 2008.

——. *The State and the Tributary Mode of Production*. London, 1993.

——. *A Tale of Two Saints: The Martyrdoms and Miracles of Saints Theodore "The Recruit" and "The General."* Liverpool, 2016.

——. *Warfare, State and Society in the Byzantine World, 565-1204*. London, 1999.

Hamarneh, B. *Topographia cristiana ed insediamenti rurali nel territorio dell'odierna Giordania nelle epoche bizantina ed islamica: V-IX sec*. Vatican City, 2003.

Handley, Mark. "Inscribing Time and Identity in the Kingdom of Burgundy." In *Ethnicity and Culture in Late Antiquity*, edited by Geoffrey Greatrex and Stephen Mitchell, pp. 83-102. Cardiff, 2000.

Hartog, François. *Le XIXe siècle et l'histoire: Le cas Fustel de Coulanges*. 2nd ed. Paris, 2001.

Hatlie, Peter. *The Monks and Monasteries of Constantinople, ca. 350-850*. Cambridge, 2007.

Heather, Peter. *Empires and Barbarians: Migration, Development and the Birth of Europe*. London, 2009.

——. *The Fall of the Roman Empire: A New History*. London, 2005.

——. *Goths and Romans 332-489*. Oxford, 1991.

Hefele, Charles Joseph. *Histoire des Conciles*, II, 1-2. Paris, 1908.

Heil, Uta. "The Homoians in Gaul." In *Arianism: Roman Heresy and Barbarian Creed*, edited by Guido M. Berndt and R. Steinachar, pp. 271-96. Farnham, 2014.

Heinzelmann, Martin. *Bischofsherrschaft in Gallien*. Munich, 1976.

——. "Eligius monetarius: Norm oder Sonderfall?." In *Die merowingischen Monetarmünzen als Quelle zum Verständnis des 7. Jahrhunderts In Gallien*, edited by Jörg Jarnut and Jürgen Strothmann, pp. 243-291. Paderborn, 2013.

Hen, Yitzhak. *The Royal Patronage of Liturgy in Frankish Gaul to the Death of Charles the Bald*, Henry Bradshaw Society Subsidia III. London, 2001.

Heresy and Identity in Late Antiquity. Edited by E. Ircinschi and H. M. Zelletin. Tübingen, 2008.

Herlihy, David. "Church Property on the European Continent 701-1200." *Speculum* 36 (1961): 81-105.

Honigmann, E. "La liste originale des Pères de Nicée." *Byzantion* 14 (1939): 17-76.

Hübner, Sabine. *Der Klerus in der Gesellschaft des spätantiken Kleinasiens*. Munich, 2005.

Hunt, David. "The Church as a Public Institution." In *Cambridge Ancient History*, vol. 8, *The Late Empire, AD 337-425*, edited by A. Cameron and P. Garnsey, pp. 238-76. Cambridge, 1998.

James, Edward. "Gregory of Tours and 'Arianism'." In *The Power of Religion in Late Antiquity*, edited by Andrew Cain and Noel Lenski, pp. 327-38. Farnham, 2009.

Jenal, Georg. *Italia ascetica atque monastica: das Asketen- und*

Mönchtum in Italien von den Anfängen bis zur Zeit der Lango-barden (ca. 150/250–604). 2 vols. Stuttgart, 1995.

Johnson, Aaron P. and Jeremy M. Schott. *Eusebius of Caesarea: Tradition and Innovations*. Washington, DC, 2013.

Joliffe, J. E. A. Review of A. Dopsch. *The Economic and Social Foundations of European Civilization*. In *English Historical Review* 53 (1938): 277–83.

Jones, A. H. M. "Were Ancient Heresies National or Social Movements in Diguise?." *Journal of Theological Studies* 10 (1959): 280–98.

Kelly, Christopher. *Attila the Hun: Barbarian Terror and the Fall of the Roman Empire*. London, 2008.

———. "Emperors, Government and Gureaucracy." In *Cambridge Ancient History*, vol. 8, *The Late Empire, A.D. 337–425*, edited by A. Cameron and P. Garnsey, pp. 138–83. Cambridge, 1998.

———. *Ruling the Later Roman Empire*. Cambridge, MA, 2004.

King, P. David. *Law and Society in the Visigothic Kingdom*. Cambridge, 1972.

Kinney, Dale. "'Spolia, damnatio' and 'renovatio memoriae'." *Memoirs of the American Academy in Rome* 42 (1997): 117–48.

Klauser, T. "Eine Stationsliste der Metzer Kirche aus dem 8. Jahrhundert, wahrscheinlich ein Werk Chrodegangs." *Ephemerides Liturgicae* 44 (1930): 162–93.

Klingshirn, William E. *Caesarius of Arles: The Making of a Christian Community in Late Antique Gaul*. Cambridge, 1994.

———. "Charity and Power: Caesarius of Arles and the Ransoming of Captives in Sub-Roman Gaul." *Journal of Roman Studies* 75 (1985): 183–203.

Koch, Manuel. "Arianism and Ethnic Identity in Sixth-Century Visigothic Spain." In *Arianism: Roman Heresy and Barbarian Creed*, edited by Guido Berndt and Roland Steinacher, pp. 257–70. Farnham, 2014.

Kulikowski, Michael. *Late Roman Spain and its Cities*. Baltimore, 2004.

Laurence, Ray. *The Roads of Roman Italy: Mobility and Cultural Change*. London, 1999.

Lee, A. D. "The Army." In *Cambridge Ancient History*, vol. 8, *The Late Empire, AD 337–425*, edited by Averil Cameron and Peter Garnsey, pp. 211–237. Cambridge, 1998.

———. "The Eastern Empire: Theodosius to Anastasius." In *Cambridge Ancient History*, vol. 9, *Late Antiquity: Empire and Successors, A.D. 425–600*, edited by Averil Cameron, Michael Whitby, and Bryan Ward-Perkins, pp. 33–62. Cambridge, 2000.

Le Jan, Régine. *Famille et Pouvoir dans le monde franc (VIIe–Xe siècle): essai d'anthropologie sociale*. Paris, 1995.

Lenski, Noel E. "Captivity and Romano-Barbarian Interchange." In *Romans, Barbarians, and the Transformation of the Roman World*, edited by Ralph W. Mathisem and Danuta Shanzer, pp. 185–98. Farnham, 2011.

———. "*Initium mali Romano imperio*: Contemporary Reactions to the Battle of Adrianople." *Transactions of the American Philological*

Association 127 (1997): 129-68.

Levene, D. S. *Religion in Livy*. Leiden, 1992.

Liebeschuetz, J. H. Wolf G. "Transformation and Decline: Are the Two Really Incompatible." In *Die Stadt in der Spätantike. Niedergang oder Wandel*, edited by J. U. Krause and C. Witschel, pp. 463-83. Stuttgart, 2006.

Liebs, Detlef. "Unverhohlene Brutalität in den Gesetzen der ersten christlichen Kaiser." *Das Recht der Römer und die Christen. Gesammelte Aufsätze in überarbeitete Fassung*, pp. 108-45. Tübingen, 2015.

Lifshitz, Felice. *The Name of the Saint: The Martyrology of Jerome and Access to the Sacred in Francia, 627-827*. South Bend, 2006.

Little, Lester K. "Life and Afterlife of the First Plague Pandemic." *Plague and the End of Antiquity: The Pandemic of 541-750*, pp. 3-32. Cambridge, 2007.

MacMullen, Ramsay. *Soldier and Civilian in the Later Roman Empire*. Cambridge, MS, 1963.

Maier, Harry O. "Dominion from Sea to Sea: Eusebius of Caesarea, Constantine and the Exegesis of Empire." In *The Calling of Nations: Exegesis, Ethnography and Empire in a Biblical Historical Present*, edited by Mark Vessey et al., pp. 149-75. Toronto, 2011.

Manzoni, Alessandro. *Discorso sopra alcuni punti della storia longobardica in Italia*. Edited by I. Becherucci. Milan, 2005.

Marazzi, Federico. *I "Patrimonia sanctae Romanae ecclesiae" nel Lazio (secoli IV-X), Struttura amministrativa e prassi gestionali*. Rome, 1998.

Markus, Robert A. "Christianity and Dissent in Roman North Africa: Changing Perspectives." In *Schism, Heresy and Religious Protest*, edited by Derek Baker, pp. 21-36. Cambridge, 1972.

——. *Saeculum: History and Society in the Theology of Saint Augustine*. Cambridge, 1970.

Martínez Jiménez, J. "Crisis or Crises? The End of Roman Towns in Iberia, between the Late Roman and Early Umayyad Periods." In *Tough Times: The Archaeology of Crisis and Recovery*, edited by E. M. van der Wilt and J. Martínez Jiménez. BAR International Series 2478, pp. 77-90. Oxford, 2013.

Martínez Tejera, Artemio M. "Edilicia cristiana tardo-antigua en Conimbriga? La 'basílica paleocristiana' de la domus tancinus a debate." In *Conimbriga tardo-antigua y medieval: Excavaciones arqueológicas en la domus tancinus (2004-2008) (Condeixa-a-Velha, Portugal)*, edited by J. López Quiroga. BAR International Series 2466, pp. 281-318. Oxford, 2013.

Mathisen, Ralph W. "Between Arles, Rome, and Toledo: Gallic Collections of Canon Law in Late Antiquity." *Cuadernos "Ilu* 2 (1999): 33-46.

——. "Ricimer's Church in Rome: How an Arian Barbarian Prospered in a Nicene World." In *The Power of Religion in Late Antiquity*, edited by Andrew Cain and Noel Lenski, pp. 307-25. Farnham, 2009.

——. *Roman Aristocrats in Barbarian Gaul: Strategies for Survival in an Age of Transition*. Austin, 1993.

McCormick, Michael. *Charlemagne's Survey of the Holy Land: Wealth, Personnel, and Buildings of a Mediterranean Church between Antiquity and the Middle Ages*. Washington, 2011.

——. *Origins of the European Economy: Communications and Commerce AD 300-900*. Cambridge, 2001.

——. "Tracking Mass Death During the Fall of Rome's Empire I." *Journal of Roman Archaeology* 28 (2015): 325-27.

——. "Tracking Mass Death During the Fall of Rome's Empire II: A First Inventory." *Journal of Roman Archaeology* 29 (2016): 1008-46.

McLynn, Neil. "Orosius, Jerome and the Goths." In *The Sack of Rome in 410 AD: The Event, its Context and its Impact*, edited by Johannes Lipps, Carlos Machado, and Philipp von Rummel, pp. 323-31. Wiesbaden, 2013.

Meier, Mischa. "Alarico: Le tragedie di Roma e del conquistatore." In *The Sack of Rome in 410 AD: The Event, its Context and its Impact*, edited by Johannes Lipps, Carlos Machado, and Philipp von Rummel, pp. 311-22. Wiesbaden, 2013.

Meier, Mischa and Steffen Patzold. *August 410—ein Kampf um Rom*. Stuttgart, 2010.

Mesnage, P. J. *L'Afrique chrétienne, évêches et ruines antiques*. Paris, 1912.

Milik, Jósef. "La topographie de Jérusalem vers la fin de l'époque byzantine." *Mélanges de l'Université Saint-Joseph* [= *Mélanges offerts au Père René Mouterde pour son 80e anniversaire*], 37 (1960-1961): 127-89.

Mochi Onory, Sergio. *Vescovi e Città (sec. IV-VI)*. Bologna, 1933.

Momigliano, Arnaldo. "The origins of Rome." In *Cambridge Ancient History*, vol. 7, part 2, *The Rise of Rome to 220 B.C.*, edited by F. W. Walbank et al., pp. 52-112. Cambridge, 1989.

Mommsen, Theodor. "Die Städtezahl des Römerreiches." *Gesammelte Schriften* II, pp. 559-60. Berlin, 1905.

Montesquieu, Charles de Secondat, baron de. *Considérations sur la grandeur des romains et de leur decadence*. 1734.

——. *De l'Esprit des Loix* (1748). Edited by J. Brethe de la Gressaye, vol. 4. Paris, 1961.

Moorhead, John. *Ambrose: Church and Society in the Late Roman World*. London, 1999.

——. *Popes and the Church of Rome in Late Antiquity*. London, 2014.

Mordek, Hubert. *Kirchenrecht und Reform im Frankenreich: die Collectio vetus Gallica: die älteste systematische Kanonessammlung des fränkischen Gallien*. Sigmaringen, 1975.

Moreno Martín, F. J. *La arquitectura monástica hispana entre la Tardoantigüedad y la Alta Edad Media*. BAR, International Series 2287. Oxford, 2011.

Morley, Neville. "Population Size and Social Structure." In *Cambridge Companion to Ancient Rome*, edited by Paul Erdkamp, pp. 29-44.

Cambridge, 2013.

Morris, John. "Pelagian Literature." *Journal of Theological Studies*, n.s. 16 (1965): 26–60.

Muhlberger, Steven. *The Fifth-Century Chroniclers: Prosper, Hydatius and the Galllic Chronicle of 452.* Leeds, 1990.

Musurillo, Herbert. *The Acts of the Pagan Martyrs (Acta Alexandrinorum).* Oxford, 1954.

Myres, J. N. L. "Pelagianism and the End of Roman Rule in Britain." *Journal of Roman Studies* 50 (1960): 21–36.

Natal, David and Jamie Wood. "Playing with Fire: Conflicting Bishops in Late Roman Spain and Gaul." In *Making Early Medieval Societies: Conflict and Belonging in the Latin West, 300-1200*, edited by Kate Cooper and Conrad Leyser, pp. 33–57. Cambridge, 2016.

Noble, Thomas F. X. "The Transformation of the Roman World: Reflections on Five Years of Work." In *East and West: Modes of Communication. Proceedings of the First Plenary Conference at Merida*, edited by Evangelos Chrysos and Ian Wood, pp. 259–77. Leiden, 1999.

Nonn, Ulrich. "Merowingische Testamente: Studien zum Fortleben einer römischen Urkundenform im Frankenreich." *Archiv für Diplomatik* 18 (1972): 1–129.

O'Donnell, James J. *The Ruin of the Roman Empire.* London, 2009.

O'Flynn, John M. *Generalissimos of the Western Roman Empire.* Edmonton, 1983.

Ozanam, Antoine-Frédéric. *La Civilisation au Cinquième Siècle.* 2 vols. Paris, 1855. Translation by A. C. Glyn, *History of Civilization in the Fifth Century.* 2 vols. London, 1868.

———. *Études Germaniques pour servir à l'histoire des francs.* 2 vols. Paris, 1847.

Patzold, Steffen. "Zur Sozialstruktur des Episkopats und zur Ausbildung bischöflicher Herrschaft in Gallien zwischen Spätantike und Frühmittelalter." In *Völker, Reiche und Namen im frühen Mittelalter*, edited by M. Becher and S. Dick, Mittelalterliche Studien 22, pp. 121–40. Munich, 2010.

Philippart, Guy. *Hagiographies.* Turnhout, 1994–.

Picard, Jean-Charles. "Auxerre." In *Topographie chrétienne des cités de la Gaule des origines au milieu du VIII siècle*, vol. 8, *Province ecclésiastique de Sens*, edited by Jean-Charles Picard, pp. 47–65. Paris, 1992.

Piganiol, André. *L'empire chrétien (325–395).* Paris, 1947.

Pirenne, Henri. *Mahomet et Charlemagne.* Paris, 1937. English translation, *Mohammed and Charlemagne.* London, 1939.

Pocock, J. G. A. *Barbarism and Religion.* 5 vols. Cambridge, 1999–2010.

The Power of Religion in Late Antiquity. Edited by Andrew Cain and Noel Lenski. Farnham, 2009.

Prosopographie chrétienne du Bas-Empire, vol. 1, *Afrique (303–533).* Edited by André Mandouze. Paris, 1982.

Prosopographie chrétienne du Bas-Empire, vol. 2, *Italie (313–604).* Edited by Charles Pietri and Luce Pietri. Paris, 2000.

Prosopographie chrétienne du Bas-Empire, vol. 3, *Diocèse d'Asie (325–641)*. Edited by Sylvain Destephen. Paris, 2008.

Prosopographie chrétienne du Bas-Empire, vol. 4, *La Gaule chrétienne (314–614)*. Edited by Luce Pietri and Marc Heijmans. Paris, 2013.

Quiroga, Jorge López. "Monasterios altomedievales hispanos: lugares de emplazamiento y ordenación de sus espacios." *Las monasterios medievale en sus emplazaientos: lugares de memoria de lo sagrado*, edited by José Angel Garcia de Cortázar and Ramón Teja, pp. 66–99. Aguilar de Campoo, 2016.

Radtki, Christine. "The Senate at Rome in Ostrogothic Italy'. In *A Companion to Ostrogothic Italy*, edited by Jonathan J. Arnold, M. Shane Bjornlie, and Kristina Sessa, pp. 121–46. Leiden, 2016.

Rees, B. R. *Pelagius: A Reluctant Heretic*. Woodbridge, 1988.

Reimitz, Helmut. "The History of Historiography in the Merovingian Period." In *Oxford History of the Merovingian World*, edited by Bonnie Effros and Isabel Moreira. Forthcoming.

Richards, Jeffrey. *The Popes and the Papacy in the Early Middle Ages, 476–752*. London, 1979.

Romano, John F. *Liturgy and Society in Early Medieval Rome*. London, 2016.

Rostovtzeff, M. *The Social and Economic History of the Roman Empire*. 2 vols. 2nd ed. Oxford, 1957.

The Sack of Rome in 410 AD: The Event, its Context and its Impact. Edited by Johannes Lipps, Carlos Machado, and Philipp von Rummel. Wiesbaden, 2013.

Salzman, Michele Renee. "Memory and Meaning: Pagans and 410." In *The Sack of Rome in 410 AD: The Event, its Context and its Impact*, edited by Johannes Lipps, Carlos Machado, and Philipp von Rummel, pp. 295–307. Wiesbaden, 2013.

——. *On Roman Time: The Codex-Calendar of 354 and the Rhythms of Urban Life in Late Antiquity*. Berkeley 1990.

Sánchez Pardo, J. C. "Organización eclesiástica y social en la Galicia tardoantigua: Una perspectiva geográfico-arqueológica del Parroquial suevo." *Hispania Sacra* 66 (2014): 439–80.

Sarris, Peter. *Empires of Faith: The Fall of Rome and the Rise of Islam, 500–700*. Oxford, 2011.

Sawyer, Peter. *The Age of the Vikings*. 2nd ed. London, 1971.

Seeck, Otto. *Geschichte des Untergangs der antiken Welt*. 6 vols. Stuttgart, 1895–1920.

Shanzer, Danuta and Ian N. Wood, *Avitus of Vienne, Letters and Selected Prose*. Liverpool, 2002.

Shaw, Brent. "Rome's Mediterranean World System and its Transformation." *Princeton/Stanford Working Papers in Classics No 040801*, papers.ssrn.com.

——. *Sacred Violence: African Christians and Sectarian Hatred in the Days of Augustine*. Cambridge, 2011.

Silva de Andrade, Francisco J. *Arquitetura e paisagem monásticas no território bracarense. O caso de Dume (Braga)*. Braga, 2015.

Simonde de Sismondi, Jean Charles Léonard. *Histoire des Français*.

29 vols. Paris, 1821–43.

——. *Histoire des Républiques italiennes du Moyen Age*. 8 vols. 5th ed. Brussels, 1858–59.

——. *A History of the Fall of the Roman Empire: Comprising a View of the Invasion and Settlement of the Barbarians*. 2 vols. London, 1834.

'SO debate." *Symbolae Osloenses* 72 (1997): 5–90.

Stambaugh, J. E. "The Functions of Roman Temples." *Aufstieg und Niedergang der römischen Welt*, 2.16.1. (1978): 554–608.

Stancliffe, Clare E. "From Town to Country: The Christianisation of the Touraine, 370–600." In *Studies in Church History* 16, *The Church in Town and Countryside*, edited by Derek Baker, pp. 43–59. Cambridge, 1979.

Stanley, Keith. "Rome, 'ΕΡΩΣ and the *Versus Romae*." *Greek Roman and Byzantine Studies* 4 (1963): 237–49.

de Ste Croix, Geoffrey E. M. *The Class Struggle in the Ancient Greek World from the Archaic Age to the Arab Conquests*. London, 1982.

Szende, K. "Stadt und Naturlandschaft im ungarischen Donauraum des Mittelalters." In *Europäische Städte im Mittelalter*, edited by C. Sonnlechner and F. Opil, pp. 365–400. Innsbruck, 2010.

Theuws, Frans and Monica Alkemade. "A Kind of Mirror for Men: Sword Depositions in Late Antique Northern Gaul." In *Rituals of Power from Late Antiquity to the Early Middle Ages*, edited by Frans Theuws and Janet L. Nelson, pp. 401–76. Leiden, 2000.

Thierry, Augustin. *The Historical Essays and Narratives of the Merovingian Era*. Philadelphia, 1845.

Thompson, Edward A. *The Huns*. Oxford, 1996.

——. *A Roman Informer and Inventor*. Oxford, 1952.

Tjäder, Jan-Olaf. *Die nichtliterarischen lateinischen Papyri Italiens aus der Zeit 445–700*. 3 vols. Stockholm, 1954–82.

Two Romes: Rome and Constantinople in Late Antiquity. Edited by Lucy Grigg and Gavin Kelly. Oxford, 2012.

van Nuffelen, Peter. "Theology versus Genre? The Universalism of Christian Historiography in Late Antiquity." In *Historiae mundi: Studies in Universal Historiography*, edited by Peter Liddel and Andy Fear, pp. 148–61. London, 2010.

Veyne, Paul. *Le pain et le cirque: Sociologie historique d'un pluralisme politique*. Paris, 1976.

Volpe, Giuliano. "Città e campagna, strutture insediative e strutture ecclesiastiche dell'Italia meridionale: il caso dell'Apulia." *Settimane di Spoleto*, LXI, 2, *Chiese locali e chiese regionali nell'alto medioevo*, pp. 1041–72. Spoleto, 2014.

Wallace-Hadrill, J. Michael. *The Long-haired Kings, and Other Studies in Frankish History*. London, 1962.

Ward-Perkins, Bryan. *From Classical Antiquity to the Middle Ages: Urban Public Building in Northern and Central Italy AD 200–850*. Oxford, 1984.

——. "Land, Labour and Settlement." In *Cambridge Ancient History*, vol. 9, *Late Antiquity: Empire and Successors, AD 425–600*, edited by Averil Cameron, Michael Whitby, and Bryan Ward-Perkins, pp. 315–45. Cambridge, 2000.

Warntjes, Immo. "Computus as Scientific Thought in Ireland and the Early Medieval West." In *The Irish in Early Medieval Europe*, edited by Roy Flechner and Sven Meeder, pp. 158–78. London, 2016.

Weidemann, Margarete. *Das Testament des Bischofs Berthramn von Le Mans vom 27. März 616. Untersuchungen zu Besitz und Geschichte einer fränkischen Familie im 6. und 7. Jahrhundert.* Mainz, 1986.

———. *Geschichte des Bistums Le Mans von der Spätantike bis zur Karolingerzeit, Actus Pontificum Cenomannis in urbe degentium und Gesta Adalrici.* 3 vols. Mainz, 2002.

Whitby, Michael. "The Balkans and Greece, 420–602." In *Cambridge Ancient History*, vol. 9, *Late Antiquity: Empire and Successors, AD 425–600*, edited by Averil Cameron, Michael Whitby, and Bryan Ward-Perkins, pp. 701–30. Cambridge, 2000.

———. "The Late Roman Empire Was before All Things a Bureaucratic State." In *Empires and Bureaucracy in World History from Late Antiquity to the Twentieth Century*, edited by P. Crooks and T. H. Parsons, pp. 129–46. Cambridge, 2016.

Whitmarsh, Tim. *Battling the Gods: Atheism in the Ancient World.* London, 2016.

Whittaker, C. R. and Peter Garnsey. "Rural Life in the Later Roman Empire." In *Cambridge Ancient History*, vol. 8, *The Late Empire, A.D. 337–425*, edited by Averil Cameron and Peter Garnsey, pp. 277–311. Cambridge, 1998.

Wickham, Chris. *The Inheritance of Rome: A History of Europe from 400 to 1000.* London, 2009.

Williams, Rowan. *Arius.* 2nd ed. London, 2001.

Wolfram, Herwig. *Die Geburt Mitteleuropas: Geschichte Österreichs vor seiner Entstehung 378–907.* Vienna, 1987.

———. *The Roman Empire and its Germanic Peoples.* Berkeley, 1997.

Wood, Ian N. "Administration, Law and Culture in Merovingian Gaul." In *The Uses of Literacy in Medieval Europe*, edited by R. McKitterick, pp. 63–81. Cambridge, 1990. Reprinted in *From Roman Provinces to Medieval Kingdoms*, edited by T. F. X. Noble, pp. 358–75. London, 2006.

———. "Arians, Catholics, and Vouillé." In *The Battle of Vouillé, 507 CE. Where France Began*, edited by Ralph Marhisen and Danuta Shanzer, pp. 139–49. Boston, MA, 2012.

———. "The Code in Merovingian Gaul." In *The Theodosian Code*, edited by J. Harries and I. N. Wood, pp. 161–77. London, 1993.

———. "Early Merovingian Devotion in Town and Country." In *Studies in Church History* 16, *The Church in Town and Countryside*, edited by Derek Baker, pp. 61–76. Cambridge, 1979.

———. "The Ecclesiastical Politics of Merovingian Clermont." In *Ideal and Reality in Frankish and Anglo-Saxon Society*, edited by P. Wormald, pp. 34–57. Oxford, 1983.

———. "The End of Roman Britain: Continental Evidence and Parallels." In *Gildas: New Approaches*, edited by Michael Lapidge and David N. Dumville, pp. 1-25. Woodbridge, 1984.

———. "Entrusting Western Europe to the Church, 400-750." *Transactions of the Royal Historical Society* 23 (2013): 37-73.

———. "The Germanic Successor States." In *The Oxford Handbook of the State in the Ancient Near East and Mediterranean*, edited by P. Fibiger Bang and W. Scheidel, pp. 498-517. Oxford, 2013.

———. "Gregory of Tours and Clovis." *Revue Belge de Philologie et d'Histoire* 63 (1985): 249-72, reprinted in *Debating the Middle Ages*, edited by L. K. Little and B. H. Rosenwein, pp. 73-91. Blackwell, 1998.

———. "How Popular Was Early Medieval Devotion?." *Essays in Medieval Studies* 14, http://www.illinoismedieval.org/ems/VOL14/wood.html.

———. "Land Tenure and Military Obligations in the Anglo-Saxon and Merovingian Kingdoms: The Evidence of Bede and Boniface in Context." *Bulletin of International Medieval Research* 9-10 (2005): 3-22.

———. *The Priest, the Temple and the Moon in the Eighth Century*. Brixworth Lecture. Leicester, 2008.

———. "The Problem of Late Merovingian Culture." In *Exzerpieren—Kompilieren—Tradieren: Transformationen des Wissens zwischen Spätantike und Frühmittelalter*, edited by Stephan Dusil, Gerald Schwedler, and Raphael Schwitter, pp. 199-222. Berlin, 2017.

———. "Report: The European Science Foundation's Programme on the Transformation of the Roman World and Emergence of Early Medieval Europe." *Early Medieval Europe* 6 (1997): 217-27.

———. "Teutsind, Witlaic and the History of Merovingian *precaria*." In *Property and Power in the Early Middle Ages*, edited by W. Davies and P. Fouracre, pp. 31-52. Cambridge, 1995.

———. "'There Is a World Elsewhere': The World of Late Antiquity." In *Motions of Late Antiquity: Essays on Religion, Politics, and Society in Honour of Peter Brown*, edited by J. Kreiner and H. Reimitz, pp. 17-43. Turnhout, 2016.

———. "Universal Chronicles in the Early Medieval West." *Approaches to Comparison in Medieval Studies* 1 (2015): 47-60.

———. "When Did the West Roman Empire Fall?' Forthcoming.

Wood, Jamie. *The Politics of Identity in Visigothic Spain: Religion and Power in the Histories of Isidore of Seville*. Leiden 2012.

Woods, David. "The Origin of the Legend of Maurice and the Theban Legion." *Journal of Ecclesiastical History* 45 (1994): 385-95.

Wormald, Patrick. *Bede and the Conversion of England: The Charter Evidence*. Jarrow Lecture 1984.

译名对照表

abbé Du Bos	杜·波斯神甫
Actus Pontificum Cenomannis in urbedegentium	《勒芒主教行传》
Adomnán's Life of Columba	《圣科伦巴传》
Agilulf	阿吉鲁尔福
Agnellus	阿格尼卢斯
A. H. M. JONES	A. H. M. 琼斯
Akoimetae	不眠者修道院
Alessandro Manzoni	亚历山德罗·曼佐尼
Alfons Dopsch	阿方斯·多普施
André Piganiol	安德烈·皮加尼奥尔
Antoine-Frédéric Ozanam	安托万－弗雷德里克·奥萨南
archimandrite	修道掌院
Aredius	阿莱狄乌斯
Asturica/Astorga	阿斯托加
Athanasius	阿塔纳修
Aunarius	奥纳里乌斯
Auria/Ourense	奥伦塞
Averil Cameron	埃夫丽尔·卡梅伦
Avitus of Vienne	维埃纳主教阿维图斯
Basil of Caesarea	凯撒里亚的巴西尔

Bassianus	巴西亚努斯修道院
Bertram of Le Mans	勒芒主教贝特拉姆
Bierzo	毕埃索
Bill Frend	比尔·弗伦德
Bill Klingshirn	比尔·克林舍恩
Blachernae	布拉切奈
Bracara/Braga	布拉加
Brennus	布雷努斯
Breviary of Alaric	《阿拉里克罗马法辑要》
Britonia	布雷托尼亚
Bryan Ward-Perkins	布莱恩·沃德-帕金斯

Caesarius	凯撒里乌斯
Calendar of Philocalus	《菲洛卡鲁斯历》
Camille Julien	卡米尔·朱里安
cantor	领唱
Cassiodorus	卡西奥多鲁斯
Catalaunian Plains	卡太隆尼平原
Chilperic	希尔佩里克
Christian Courtois	克里斯蒂安·库尔图瓦
Christopher Kelly	克里斯多夫·凯利
church of the Samaritan	撒玛利亚人教堂
Clare Stancliffe	克莱尔·斯坦克利夫
Clermont	克莱蒙
Coimbra	孔布拉
Collectio Hispana	《西班牙教令集》
Columbanus	科伦巴努斯
confessor	精修者
Conimbriga/Coimbra	可宁布利嘉
Constantius of Lyon	里昂的君士坦提乌斯

Cornelius	科尔内利乌斯
Count Candidian	坎狄狄安，随从将领
David Herlihy	大卫·赫利希
David King	大卫·金
decanus	主事
Decreta Papae Gelasii	《教宗格拉修教令》
Defensor	狄芬索尔
Derwas Chitty	德尔瓦斯·奇蒂
Desiderius	德西德里乌斯
Desiderius of Cahors	卡奥尔主教德西德里乌斯
Dialogues	《对话录》
Dumio	杜米奥
Ecclesius	拉文纳主教埃克莱希乌斯
Egitania	伊加坦尼亚
Eligius of Noyon	努瓦永主教安利日
Emilia	埃米利亚
Ephraem the Syrian	叙利亚人以法莲
Epistolae Austrasicae	《奥斯特拉西亚书信集》
Eucherius	尤克里乌斯
Eusebius of Nicomedia	尼克米底亚的尤西比乌斯
Eustochius	尤斯托奇乌斯
Eutropius	尤特罗庇乌斯
Evangelos Chrysos	埃万耶洛斯·克莱索斯
Ewa Wipszycka	伊娃·维普西查
Falperra	法尔佩拉
Faremoutiers	法尔穆杰修道院
Fidelis	菲德利斯

Frigidus	冷河
F. W. Walbank	F. W. 沃尔班克
Gaiseric	盖萨里克
Galla Placidia	加拉·普拉西提娅
Gallus	加卢斯
Geert Wilders	吉尔特·维尔德斯
Geoffrey De Ste Croix	杰弗里·德·圣·克鲁瓦
Georg Jenal	格奥尔格·耶纳尔
George of Pisidia	皮西底亚的乔治
Germanus of Auxerre	欧塞尔主教日耳曼努斯
Gesta Abbatum Fontanellensium	《丰特奈尔修道院长事迹》
Gesta Pontificum Autissiodorensium	《欧塞尔主教事迹》
Gibichungs	季比宏家族
Gildas	吉尔达斯
Greutungi	格鲁森尼人
Gundobad	冈都巴德
Hadoind	哈笃因德
Hans Delbrück	汉斯·戴布吕克
Hegesippus	赫格西普斯
Henri comte de Boulainvilliers	布兰维利尔的亨利伯爵
Henri-Irénée Marrou	亨利-伊雷内·马鲁
Herodes Atticus	赫罗狄斯·阿提库斯
Hieronymian Martyrology	《哲罗姆殉道士历》
Hilarion	希拉里翁
Hilary of Arles	阿尔勒主教希拉略
Hippolytus	希波吕图
Historia Monachorum	《修士传记汇编》
Historiae Wambae Regis	《万巴王史志》

译名对照表

Le Mans	勒芒
lectionary	圣经选读集
Lester Little	莱斯特·利特尔
Lex Romana Visigothorum	西哥特罗马法
Liber Generationis	《世代书》
Liber Pontificalis	《教宗列传》
Liber Scintillarum	《火花之书》
Life of Abraham	《亚伯拉罕生平》
Life of Fructuosus of Braga	《布拉加主教富鲁克图奥苏斯传》
Life of Fulgentius of Ruspe	《路西比主教富尔根狄传》
Life of the Martyrs John and Paul	《殉道士约翰和保罗生平》
Life of Wandregisel	《圣旺德里耶传》
Ligugé	利居热
Liguria	利古里亚
Lives of the Fathers of Mérida	《梅里达教父列传》
Lucania	卢卡尼亚
Luco/Lugo	卢戈
Lérins	勒兰
magister militum	大将军
major basilica	特级大殿
Marcellinus Comes	"秘书官"马尔切利努斯
Margarete Weidemann	玛格丽特·魏德曼
Margus	玛古斯
Marmoutier	马穆提
Martin of Braga	布拉加主教马丁
matricula	穷人名录
Melania	梅兰尼娅
metropolitan	都主教
Metz	梅斯城

Perpetuus	佩尔佩图乌斯
Peter Hatlie	彼得·哈特利
Peter Heather	彼得·希瑟
Pinian	皮尼亚努斯
Pionius	皮奥尼乌斯
Pope Gelasius	教宗格拉修
Pope Simplicius	辛卜力乌斯
Portugale/Porto	波尔图
Postumianus	鲍斯图密阿努斯
Primuliacum	普利姆里亚库姆
Priscillian	百基拉
Prosopographie chrétienne	《基督徒群体传记》
Prosper of Aquitaine	阿奎丹的普罗斯佩尔
Pseudo-Zacharias	伪扎迦利
Radegund	拉戴贡德
Reccared	雷卡雷德
Redemptus	雷登普都斯
Remigius of Rheims	兰斯主教雷米
Remiremont	勒米尔蒙
Robert Godding	罗伯特·戈丁
Rufinus	鲁菲努斯
Rutilius Namatianus	鲁提里乌斯·纳马提亚努斯
Sabinus of Canusium	卡诺萨迪普利亚主教萨比努斯
saccellarius	财务官
sacramentary	圣事书
Salvian	萨尔维安
Sapaudia	萨保迪亚
Schaffhausen manuscript	沙夫豪森抄本

译名对照表

Vegetius   韦格蒂乌斯

Venantius Fortunatus   韦南提乌斯·福尔图纳图斯

Vetus Gallica   《旧高卢教令集》

Victor of Tununa   图努纳主教维克多

Victor of Vita   维塔主教维克多

Vienne   维埃纳城

Viseo   维塞奥

Vita Clari   《圣克拉路传》

Vita Pauli   《保罗传》

Vivarium   维瓦留姆修道院

Walter Goffart   瓦尔特·郭法特

Wearmouth and Jarrow   韦穆–贾罗修道院

Zosimus   左西莫斯

附文　古代晚期的转型研究（1971—2015年）*

伊恩·伍德

　　对晚期罗马帝国与早期中世纪之间的过渡时段（本文中特指公元350—700年的三个半世纪）的研究，在过去的半个世纪中大量涌现，俨然已从一个从业者稀少的领域变成了一个多少有点拥挤的学术空间。对这一时段的研究进展出现了非常多的视角，很多学术成果令人印象深刻。描述对所谓"古代晚期"的史学阐释如何流变并勾勒其主导话语，无疑是有难度的且难免让读者感到错综复杂，却也并非没有可能。但本文的立意并不在此。彼得·布朗已就这个主题的一个方面在多种场合写过文章：每当他的著作有新版问世时，布朗都会写作一篇序言解释这部著作的源起；此外，还有布朗2003年的哈斯金斯协会演讲《学问生涯》，以及《奥斯陆集刊》（*Symbolae Osloenses*）为《古代晚期的世界》所做的专号。①

---

　　*　本文译自 I. N. Wood, "The Transformation of Late Antiquity 1971-2015", *Networks and Neighbours* 4 (2016), pp. 1-25。——译者

　　①　*Symbolae Osloenses* 72 (1997): P. Brown, *A life of learning*, Charles Homer Haskins Lecture 2003: id., *The Rise of Western Christendom*, 2nd edition (Oxford, 2003), pp. 1-34: id., "What's in a name?" (Oxford, 2007): id., *The Body and Society*, Twentieth Anniversary edition (New York, 2008), pp. xxi-lxvii: id., *The Cult of the Saints*, enlarged edition (Chicago, 2015), pp. xiii-xxxi. 同样参见 R. Markus, "Between Marrou and Brown: Transformations of Late Antique Christianity", in P. Rousseau and M. Papoutsakis, eds., *Transformations of Late Antiquity. Essays for Peter Brown* (Farnham, 2009), pp. 1-13, and I. N. Wood, "'There is a world elsewhere.' The World of Late Antiquity", in J. Kreiner and H. Reimitz, eds., *Motions of Late Antiquity: essays on Religion, Politics and Society in Honor of Peter Brown* (Turnhout, forthcoming 2016)。

但我想要做的是描述对这一时段的研究所涉及的学术网络。这是因为，在我看来，了解这些学术网络可以在一定程度上有助于我们理解，对古代晚期和早期中世纪的前两到三个世纪的阐释是如何演进的。我将在此呈现的网络图景不免带有很强的个人色彩。自然可以有与此不同的呈现方式。但话说回来，我认为，任何的相关考察都一定会给予我将在本文中关注的关键人物和团队以重点强调：彼得·布朗、以"罗马世界的转型"为主题的欧洲科学基金科研项目，以及所谓的"维也纳学派"的拥趸和批评者。

　　彼得·布朗的《古代晚期的世界》在 1971 年的出版构成了一个自然的起点。[②] 这本书首次将这个历史时段置于广泛关注的中心，不止在英国，也不限于学术圈。事实上，一大批学者早就对布朗的这本书翘首以盼了，这段前史（prehistory）值得一书。从 20 世纪 60 年代开始，布朗开设了以"从马可·奥勒留到穆罕默德的社会与超自然世界"为题的讲座课程。这些讲座从未发表，但依次阅读他后来出版的两本著作《古代晚期的创生》和《圣徒崇拜》，可以对当初的讲座内容有大体的了解。[③] 课程以一个由"地方"主导的宗教世界——古代多神教时代的恢弘神庙——为起点，来到一个由"圣人"主导的宗教世界，最终又回到了由"地方"主导的宗教世界——早期中世纪的大教堂。除了这个时段具有新意，布朗提供的历史阐释也处于史学思想的最前沿，这很大程度上受惠于他对社会人类学家爱德华·埃文思－普里查德（Edward Evans-Pritchard）和玛丽·道格拉斯（Mary Douglas）的研究的熟悉。

　　讲座地点是万灵学院（牛津大学）的霍凡登室（Hovenden Room），空间相对狭小，但听众的数量很大，其中不乏一流学者。[④] 尽管霍凡登

② 　P. Brown, *The World of Late Antiquity* (London, 1971).
③ 　P. Brown, *The Making of Late Antiquity* (Cambridge, Mass., 1978): id., *The Cult of the Saints* (Chicago, 1981).
④ 　Wood, " 'There is a world elsewhere' . The World of Late Antiquity".

室只能算是个中型房厅，同时，只在靠墙处有几把椅子，但如布朗所说，房间里有舒适的地毯，每寸空间都坐着人。单纯罗列人名想必会令人反感，但定期出席讲座的听众（这里只列古代晚期专家）包括阿兰·卡梅伦（Alan Cameron）、埃夫丽尔·卡梅伦、托尼·奥诺雷（Tony Honoré）、西里尔·曼戈（Cyril Mango）、约翰·马修斯、弗格斯·米勒和加里斯多·韦尔（Kallistos Ware）。

从这些名字中可以看出，布朗对这个时段的研究并非孤军奋战。当时的牛津有重要的教会史学者，如亨利·查德威克（Henry Chadwick）。在英国的其他地方，还有格拉斯哥大学的比尔·弗伦德；特别是 1974 年开始在诺丁汉大学任教的罗伯特·马库斯，他在很多方面是学术上与布朗最接近的学者。还有研究世俗话题的史学家，包括同样在诺丁汉大学的爱德华·汤普森，以及剑桥的 A. H. M. 琼斯。此外，沃尔特·厄尔曼（Walter Ullmann）本人并非早期中世纪专家，但指导了很多年轻的早期中世纪学者，尤其是大卫·金、金蒂·尼尔森（Jinty Nelson）和罗莎蒙德·麦基特里克。除此以外，在迪克·惠特克（Dick Whittaker）和彼得·加恩西（Peter Garnsey）的推动下，剑桥大学开设了历史荣誉学位课程第二部分指定主题科目"罗马世界的转型"，涵盖时段从公元250 年前后到 476 年前后。

但就早期中世纪研究的规模扩张而言，至关重要的是参加布朗讲座的众多研究生和本科生。詹姆斯·霍华德－约翰斯顿（James Howard-Johnston）、萨宾·麦科马克（Sabine McCormack）和菲利普·鲁索（Philip Rousseau）在当时已接近完成博士论文。帕特里克·沃莫尔德（Patrick Wormald）和克莱尔·斯坦克利夫（Clare Stancliffe）要更年轻些。本科生中，有罗杰·科林斯（Roger Collins）、大卫·甘茨（David Ganz）、罗斯玛丽·莫里斯（Rosemary Morris）、阿兰·撒克（Alan Thacker）、克里斯·魏可汉和我本人（须知，牛津的现代史学科以 284 年为起始年份）。我们之中的绝大多数后来都没有成为布朗的入室弟子，重要原因之一是，由于语言技能的限制，我们得避开地中海东部地区，于是就转去研究早期蛮族的世界了。事实上，布朗所激发的对古代晚期的兴趣，为迈克尔·华莱士–哈迪尔输送了大量的研究生。在此之前，华莱士–哈迪尔的博士生数量很少。[5]

　　这个牛津时刻是短暂的。毕业生鲜有能在他们开展研究的大学里找到教职的。从头到尾参与"社会与超自然世界"讲座的学生们后来去了伯明翰、格拉斯哥、利兹、利物浦和曼彻斯特。在伯明翰，克里斯·魏可汉接替了温迪·戴维斯（Wendy Davies）任教。戴维斯去了伦敦大学学院，那里的拜占庭研究基础很好。同时，伦敦大学学院的考古学者当时正在开展针对晚期罗马不列颠的重大工程，如菲尔·巴克（Phil Barker）对罗克斯特（Wroxeter）的挖掘。[6]另一位牛津的毕业生也值得一提：爱德华·詹姆斯（Edward James）。华莱士–哈迪尔不是詹姆斯的导师，但当过他的考官。詹姆斯先后任教于都柏林和约克。利物浦大学出版社的书系"历史学者适用翻译文献"（Translated Texts for Historians）启动于1984年。系列的首部书就是由詹姆斯译释的。[7]彼得·布朗本人在1975年离开了牛津，在伦敦的皇家霍洛威学院短暂任职，之后在1978年前往加州大学伯克利分校，最终在1986年去了普林斯顿。每去一个地方，布朗都与不同圈子的学者建立起联系，其中最著名的是与米歇尔·福柯的交流。布朗在《身体与社会》一书的序言中对此有所交待。[8]

　　在一段很短的时间内，牛津一度是古代晚期学术的熔炉。这无疑应当首先归功于布朗的存在，但他并没有留下一个学派。事实上，他后来指导的学生也没有什么统一的研究取向，他们唯一的学术共同点大

---

[5] I. N. Wood, "John Michael Wallace-Hadrill", *Proceedings of the British Academy* 124 (2004), pp. 333–355.

[6] R. White and P. Barker, *Wroxeter, Life and Death of a Roman city* (Stroud, 1998).

[7] *Gregory of Tours, Life of the Fathers*, trans. E. James (Liverpool, 1985).

[8] Brown, *The Body and Society*, Twentieth Anniversary edition, pp. xxxv–xxxvii.

概是对史料富有想象力的特定拷问方式。如果非要说有一个牛津学派的话，那也是华莱士－哈德里尔的学派，而不是布朗的学派。但在华莱士－哈德里尔的学生中同样也不存在某种一以贯之的研究风格或取向。当时的英国学界普遍如此。不过，华莱士－哈德里尔会敦促他的学生们研读一些著作，特别是赖因哈德·文斯库斯（Reinhard Wenskus）以早期中世纪部族的群体形成为主题的《部族形成与体制》（*Stammesbildung und Verfassung*）。在 20 世纪 60—70 年代，即便是德国学界，也还没有意识到这本书的重要性。[9] 但这仅仅说明，直至 20 世纪 70 年代末，牛津的毕业生构成了早期中世纪研究的英国学者中规模最大的群体。

再向前回溯十年，也就是在 20 世纪 60 年代，不要说牛津，就是整个英国学术界的早期中世纪研究都缺乏影响力。[10] 至少从泰晤士河谷的视角来看，这个领域在那时是由法国学术主导的，尤其是法国有天主教背景的教会史学家，他们对晚期罗马时代的考察主要从宗教史和奥古斯丁研究的视角出发。亨利－伊雷内·马鲁可能是这些法国学者中学术地位最高的，[11] 但除他之外，还有诺埃尔·杜瓦尔（Noël Duval）、伊薇特·杜瓦尔（Yvette Duval）和查理·彼得里（Charles Pietri），以及较少关注教会事务但天主教立场同样鲜明的皮埃尔·里谢（Pierre Riché）、伊丽莎白·马格诺－诺尔捷（Elisabeth Magnou-Nortier）和稍晚的米歇尔·鲁谢（Michel Rouche）。值得留意的是，马格诺－诺尔捷和鲁谢的教席都在里尔第三大学，那里培养了下一代的两位领军人物，斯特凡纳·勒贝克（Stéphane Lebecq）和雷吉娜·勒让（Régine Le Jan）。这两位学者后来指导了很多的学生，尤其是在勒让去索邦任职之后。在

---

[9]　R. Wenskus, *Stammesbildung und Verfassung: das Werden der frühmittelalterlichen Gentes* (Cologne, 1961).

[10]　I. N. Wood, *The Modern Origins of the Early Middle Ages* (Oxford, 2013), pp. 287-309.

[11]　P. Riché, *Henri Irénée Marrou, historien engagé* (Paris, 2005).

这个学术传统之外，伊芙琳·帕特拉让（Évelyne Patlagean）对当时法国之外的古代晚期史学家来说可能更重要。

此外还有"德意志历史研究所"（Deutsches Historisches Institut）的成员。[12] 一些在法国工作，甚至用法语写作的最杰出的早期中世纪学者来自德国，包括：改变了学界对墨洛温君主权力的认知的卡尔-费迪南德·维尔纳（Karl-Ferdinand Werner）、改变了学界对墨洛温修道主义的认知的哈特穆特·阿茨马（Hartmut Atsma），以及先后以对主教统治权（Bischoffsherrschaft）的研究和对图尔的格里高利与圣徒传的研究而声誉日隆的马丁·海因策尔曼（Martin Heinzelmann）。[13]

同一时期的德国，对 4—6 世纪的研究缺乏能与法国人匹敌的统一学者群体。尽管对"古代晚期"（Spätantike）的重要研究无疑存在，但在德国学术传统中，古代晚期主要意味着古典时段的终结期。与"日耳曼"（Germanentum）研究不同，对古代晚期的研究在纳粹时代相对未受玷污，部分原因是，古典学者在 30 年代基本回避研究更热门的日耳曼古代史，因此被视为低人一等的"罗马跟班"（Römlinger）。[14] 更引人注目的是，德国的考古研究挺过了"二战"，尽管某些领导人物的职业生涯受了影响。德国考古学也有新血液补充，代表人物包括福尔克尔·比尔布劳尔（Volker Bierbrauer）和海科·施托伊尔（Heiko Steuer）。

但和英国的情况相仿，当时的德国只有少量的知名早期中世纪学者。不过，德国中世纪研究的资深教授每年会在赖歇瑙岛（Reichenau）聚会，那里是"康斯坦茨中世纪史工作组"（Konstanzer Arbeitskreis für mittelalterliche Geschichte）的中心，其系列出版物"报告与研究"（Vorträge und Vorschungen）时不时会刊发对早期中世纪学者来说非常

---

⑫　U. Pfeil, *Das Deutsche Historische Institut Paris und seine Gründungsväter. Ein personengeschichtliche Ansatz* (Munich, 2007).

⑬　M. Heinzelmann, *Bischofsherrschaft in Gallien* (Zurich, 1976).

⑭　Wood, *The Modern Origins of the Early Middle Ages*, pp. 249–267.

重要的论文。[15] 当然，少数德国学者享有很高的个人声望。首当其冲的是欧根·埃维希（Eugen Ewig），他在"二战"后长期致力于对墨洛温王朝的研究，为理解法兰克王国和 7 世纪教会提供了非常宝贵的学术积累。[16] 比他略小的弗里德里希·普林茨（Friedrich Prinz）的大部头著作《法兰克王国中的早期修道制》以极为精确的方式描绘了墨洛温时代修道主义的历史图景。[17] 迪特里希·克劳德（Dietrich Claude）就贸易和行政等议题写作了一些富有原创性的文章。文斯库斯的《部族形成与体制》将对部族群体的界定方式从生物性转变为精英阶层文化。这本书后来成了被早期中世纪学者讨论最多的著作之一，尽管文斯库斯除了此书，主要从事的是奥托王朝研究。另一部广受称颂的德语著作是《民众、圣徒与统治者》(*Volk, Heiliger und Herrscher*)，[18] 作者是捷克学者弗朗蒂歇克·格劳斯（František Graus），他明确以马克思主义为研究立足点，这在当时独树一帜。

早期中世纪研究在意大利受到的法西斯主义污染，不如德国那么严重。墨索里尼支持对罗马帝制时代的研究而非对后罗马时代的研究，后者被留给了德国人来做。此外，"早期中世纪研究中心"（Centro di Studi sull'Alto Medioevo）1952 年在斯波莱托（Spoleto）成立，后发展成为早期中世纪研究的重要基地，特别是其一年一度的"研学周"（Settimani di Studi）。由埃内斯托·梅内斯托（Ernesto Menestò）主编、2004 年出版的论文集《向中世纪致敬》(*Ommagio al Medioevo*) 很好地总结了"研学周"的成就。[19] 并非每期会议文集的学术水准都一致。同时，"研学周"会议组织的等级制结构，导致在多数情况下主导

---

[15] *Vorträge und Foschungen* (Ostfildern, 1952-).

[16] K. F. Werner, "Zum Geleit", in E. Ewig, *Spätantikes und fränkisches Gallien*, vol. 1 (Munich, 1976), pp. ix-xii.

[17] F. Prinz, *Frühes Mönchtum im Frankenreich* (Oldenbourg, 1965).

[18] F. Graus, *Volk, Heiliger und Herrscher: Studien zur Hagiographie der Merowingerzeit* (Prague, 1965).

[19] E. Menestò, ed., *Ommagio al Medioevo* (Spoleto, 2004).

论文集的是老资历的学者（有时甚至是资历很老的学者），而不是工作在科研一线的更年轻的研究者。自吉安·皮耶罗·博涅蒂（Gian Piero Bognetti）以后，意大利始终不乏伦巴德人研究的专家，但研究意大利半岛之外地区的知名意大利学者，在当时几乎没有。伊比利亚半岛的情况与此类似。在那里，对西哥特人，尤其是对宗教会议，有重要的研究成果问世；对后期拉丁语（Late Latin）也有很强的研究传统。但是，对作为整体的晚期罗马帝国或早期中世纪西部世界，当时的西班牙学界没有重要研究成果。[20]

　　当然，评估 20 世纪 70 年代初期的早期中世纪研究状况还需考虑美国。一些知名人物散布全美各处。理查德·沙利文（Richard Sullivan）在密歇根州立大学任教，虽然本人并非高产作者，但培养了一代学者，包括约翰·康特雷尼（John Contreni）、托马斯·诺布尔（Tom Noble）和凯思林·米切尔（Kathleen Mitchell）。[21] 莱斯特·利特尔（Lester Little）在史密斯学院任教，由他指导的博士包括芭芭拉·罗森温（Barbara Rosenwein）。罗伯托·洛佩斯（Roberto Lopez）在耶鲁的学生包括帕特里克·格里（Patrick Geary）。下一代美国学者中的另外一位人物迈克尔·麦考密克，是在鲁汶接受的学术训练。瓦尔特·郭法特身处国境彼端的加拿大，[22] 不过，他对前加洛林时代议题的最重要的贡献，始于 1980 年。因此，在彼得·布朗去伯克利之前，美国的早期中世纪研究已处在蓬勃发展之际。卡拉马祖（Kalamazoo）国际中世纪研究会议（创立于 1970 年）为对后罗马时代感兴趣的学者提供了定期碰面的机会。但在沙利文的毕业生的圈子之外，对早期中世纪感兴趣的历史学者在当时的美国基本没有凝聚为团队。

---

[20]　A. Ferreiro, *The Visigoths in Gaul and Spain. A bibliography* (Leiden, 1989).

[21]　T. F. X. Noble and J. J. Contreni, eds., *Religion, Culture and Society in the Early Middle Ages* (Kalamazoo, 1987).

[22]　A.C. Murray, "Introduction. Walter André Goffart", in id., ed., *After Rome's Fall. Narrators and Sources of Early Medieval History* (Toronto, 1998), pp. 3-7.

以上是 20 世纪 70 年代初期的早期中世纪学术界状况。之后的十年中，对这个时段的研究兴趣发生井喷，重要原因之一是《古代晚期的世界》的出版。《古代晚期的世界》为更大范围的学术共同体带来了与布朗的"社会与超自然世界"讲座之于牛津小世界相同的影响。在英国学界的进展之外，布朗在美国也在发挥影响，先在伯克利，后在普林斯顿。[23] 后来对古代晚期和后罗马时代的各项研究，当然反映了学者个人的技艺和兴趣。但是，学科后续的大规模发展，很大程度上得益于大量学者的出现和他们所形成的学术网络。这个学术网络的历史就是我接下来的考察对象。某种程度上，我主要就是枚举学术会议，特别是系列学术会议，以及研究项目。这种考察方式难免意味着无法提及一些做出了重要学术贡献的个体学者，尤其是罗伯特·马库斯的学生，[24] 包括比尔·克林希恩、约翰·穆尔黑德（John Moorhead）和马克·维西（Mark Vessey）。他们散布于全球各地。克林希恩在华盛顿的美国天主教大学，维西在温哥华的英属哥伦比亚大学，穆尔黑德在澳大利亚的昆士兰大学。澳大利亚的古代晚期研究很强，尤其是对早期拜占庭世界的研究。但在接下来的梳理中，我采用与布朗《古代晚期的世界》后半部分一致的时段限定，但空间上更多侧重于华莱士-哈德里尔《蛮族西部世界》的考察范围。[25]

接下来的内容也将会是一段个人史，因为我将要重点强调的学术网络，我自己都参与了。不要忘了，我也曾是在霍凡登室的地毯上席地而坐的众人中的一位。我不希望这被解读为极端的傲慢。我只是认为，我参与其中的那些项目恰好具有最重要的意义。就欧洲科学基金的"罗马世界的转型"项目而言，单从参与者和参与人数（超过 100

---

[23] Kreiner and Reimitz, eds., *Motions of Late Antiquity: essays on Religion, Politics and Society in Honor of Peter Brown.*

[24] W. E. Klingshirn and M. Vessey, eds., *The Limits of Ancient Christianity. Essays on Late Antique Thought and Culture in honor of R.A. Markus* (Ann Arbor, 1999).

[25] J. M. Wallace-Hadrill, *The Barbarian West* (London, 1951).

人，来自 20 个国家）就不难看出其重要性。[26]但“罗马世界的转型”项目始于 1992 年，绝非最早创立的学术网络。不妨从一个本文目前为止还没提到的国家开始讲起：爱尔兰。以“科伦巴努斯和墨洛温修道主义”为主题的学术会议于 1977 年在都柏林召开。会议论文集由霍华德·克拉克（Howard Clarke）和玛丽·布伦南（Mary Brennan）主编，出版于 1981 年。[27]此后，以“早期中世纪的爱尔兰与欧洲”为主题的系列会议首届会议于 1979 年在图宾根召开，第二次于 1984 年在都柏林召开。[28]它们是德国和爱尔兰合作的结果，反映了德国学界长期以来对爱尔兰史的兴趣（部分带有政治上的反英情绪）。系列会议的基本主题“爱尔兰 – 欧陆的关系”并非新议题。举例而言，路德维希·比勒尔（Ludwig Bieler）在 1966 年已经出版了高水准的著作《爱尔兰：中世纪的先驱》。[29]但是，如此多的对欧洲和爱尔兰感兴趣的学者共聚一堂研讨这个主题，这是此前从未有过的。事实上，爱尔兰学界在 20 世纪 70 年代晚期和 80 年代早期对早期中世纪研究的兴趣显著提升，除了“科伦巴努斯”会议和“爱尔兰与欧洲”会议，还在丹尼斯·贝瑟尔（Denis Bethell）和东纳哈·奥柯兰（Donnchadh Ó Corráin）的推动下创立了爱尔兰中世纪学会。学会刊物《学识》（Peritia）的首期出版于 1982 年。[30]只需对两本“爱尔兰与欧洲”论文集和“科伦巴努斯”论文集稍加阅

---

[26]　I. N. Wood, "Report: The European Science Foundation's Programme on the Transformation of the Roman World and Emergence of Early Medieval Europe", *Early Medieval Europe* 6 (1997), pp. 217-227: P. Delogu, "The Transformation of the Roman World: reflections on current research", in E. Chrysos and I. N. Wood, eds., *East and West: Modes of Communication* (Leiden, 1999), pp. 243-257; T. F. X. Noble, "The Transformation of the Roman World: reflections on five years of work", in ibid., pp. 259-277. 同样参见 *The Transformation of the Roman World* (general editor, I.N. Wood), 13 vols., various eds. (Leiden, 1997-2004)。

[27]　H. B. Clarke and M. Brennan, eds., *Columbanus and Merovingian Monasticism*, BAR International Series 113 (Oxford, 1981).

[28]　P. Ni Chatháin and M. Richter, eds., *Irland und Europa: die Kirche im Frühmittelalter* (Stuttgart, 1984); Ni Chatháin and Richter, eds., *Irland und die Christenheit: Bibelstudien und Mission* (Stuttgart, 1987).

[29]　L. Bieler, *Ireland. Harbinger of the Middle Ages* (Oxford, 1966).

[30]　*Peritia* (1982-).

览，便可对未来重要的学术纽带略知一二。

在英格兰，另一组学术联系的建立是 1979 年以秃头查理为主题的学术会议的产物。这次会议的论文集与都柏林"科伦巴努斯"论文集大致同时问世。[31] 会议的一次茶歇期间，一群与会者在晴朗的午后坐在丹麦山狐狸餐厅外的草坪上，决定之后每年举行小型学术聚会，由温迪·戴维斯在她的别墅（位于威尔士边境的巴克内尔 [Bucknell]）招待大家。这个学术小组定期研讨特定史料的成果以系列文集的形式出版，首册《早期中世纪欧洲的争端解决机制》中收录了戴维斯、保罗·佛雷克（Paul Fouracre）、罗斯玛丽·莫里斯、珍妮特·尼尔森、理查德·夏普（Richard Sharpe）、克里斯·魏可汉、帕特里克·沃莫尔德和我本人的论文。[32] 小组的成员构成在之后数年中有些微变化。蒂姆·罗伊特（Tim Reuter）也是早期成员之一，但因为迁居慕尼黑而未能为首本文集供稿。

维也纳的进展在规模上要大得多。都柏林"爱尔兰与欧洲"会议的与会者之一赫维希·沃尔弗拉姆（Herwig Wolfram）为那里的早期中世纪研究带来了活力。沃尔弗拉姆并非维也纳的首位早期中世纪学者。埃里克·策尔纳（Erich Zöllner）出版过一本以法兰克人为主题的专著，尽管他主要研究奥地利史。沃尔弗拉姆的博士导师海因里希·费希特瑙（Heinrich Fichtenau）是一位杰出的加洛林学者。奥托·赫夫勒（Otto Höfler）的争议性要大得多，因为他的作品与纳粹纠葛很深。但是，作为对文斯库斯《部族形成与体制》的回应，沃尔弗拉姆以哥特人为主题的著作实现了对先前奥地利早期中世纪学术的某种突破。与

---

[31] M. Gibson and J. L. Nelson, *Charles the Bald: Court and Kingdom*, BAR International Series 101 (Oxford, 1981).

[32] W. Davies and P. Fouracre, eds., *The Settlement of Disputes in Early Medieval Europe* (Cambridge, 1986); 同样参见 Davies and Fouracre, eds., *Property and Power in the Early Middle Ages* (Cambridge, 1995); Davies and Fouracre, eds., *The Languages of Gift in the Early Middle Ages* (Cambridge, 2010)。

其个人学术成就同样重要的是沃尔弗拉姆对学术会议的组织工作，这些学术会议一般都举办于茨韦特尔（Zwettl）修道院。1978 年首次会议的主题是"5—6 世纪多瑙河中下游的族群"，由沃尔弗拉姆和法尔科·达耶姆（Falko Daim）主编的论文集问世于 1980 年。[33] 之后，1986 年的两次重要会议分别以"承认与整合"和"种族创生的类型：以巴伐利亚为特别考察对象"为主题。前者的论文集由沃尔弗拉姆和安德烈亚斯·施瓦茨（Andreas Schwarcz）主编，出版于 1988 年；后者的论文集分为两卷，由沃尔弗拉姆、达耶姆、赫维希·弗里辛格（Herwig Friesinger）和瓦尔特·波尔（Walter Pohl）主编，出版于 1990 年。

与之相关的是施瓦茨和埃万耶洛斯·克莱索斯（Evangelos Chrysos）在 1989 年主编的文集，基于 1985 年以"帝国和蛮族"为主题、在敦巴顿橡树园召开的会议。[34] 茨韦特尔学术会议的重要特点之一是来自"东方集团"，特别是匈牙利的学者的出席。维也纳（或更宽泛地说，在维也纳大学的支持下召开的学术会议）是能够与来自共产主义东欧的学者交流的几个中心之一，尤其是可以期待了解最新的考古发现。尽管在东方集团于 1989 年分崩离析后，会议的这一特殊意义不再存在，但沃尔弗拉姆依旧在促进西方学术共同体与 1991 年在布达佩斯新建的中欧大学之间的交流上扮演了重要角色。

茨韦特尔会议涉及了多个后来早期中世纪研究的主流话题。沃尔弗拉姆选择蛮族定居问题作为"承认与整合"会议的主题。会议出席者和后来的论文集供稿人之一让·迪利亚（Jean Durliat）针对蛮族定居制度的创设提出了最激进的罗马派观点，而瓦尔特·郭法特重申了他在

---

[33]　H. Wolfram and F. Daim, eds., *Die Völker an der Mittleren und Unteren Donau im funften und sechsten Jahrhundert* (Vienna, 1980): Wolfram and A. Schwarcz, eds., *Annerkennung und Integration* (Vienna, 1988): Wolfram and W. Pohl, eds., *Typen der Ethnogenese unter besondere Berücksichtigung der Bayern* I (Vienna, 1990), and H. Friesinger and Daim, eds., *Typen der Ethnogenese unter besondere Berücksichtigung der Bayern* II (Vienna, 1990).

[34]　E. Chrysos and A. Schwarcz, *Das Reich und die Barbaren* (Vienna, 1989).

1980 年的著作《蛮族与罗马人：安置的策略》中的论点，即：蛮族数量很少，同时，他们并未占据土地，而只是接受了转移税。[35] 当然，也有学者回应郭法特和迪利亚，对入境帝国的蛮族数量提出更高的估测，同时，主张他们在定居初期就接受了土地。两方之间的论战一直持续，最近的相关学术讨论是在罗马法兰西学院（École française de Rome）召开的一系列会议，其论文集于 2013 年出版。[36] 我不准备在本文中对此问题提供解答。值得注意的是，茨韦特尔会议无疑促成了这个议题演化为一场学术论战，其规模之大在 20 世纪 60 年代是无法想象的。

另一项在茨韦特尔讨论、后由郭法特进一步发挥的话题是"种族创生"（ethnogenesis），即由文斯库斯提出的对族属问题的非生物性解释。我不在这里讨论沃尔弗拉姆和波尔先后对文斯库斯观点的修正，以及郭法特和安德鲁·吉勒特（Andrew Gillett）对他们立场的呈现。[37] 我所想指出的是，华莱士－哈德里尔自 20 世纪 60 年代后期起就敦促他的学生考虑这个研究思路，英国当时关于族属问题的争论中亦与之有所共鸣（伊诺克·鲍威尔［Enoch Powell］警示种族冲突的臭名昭著的"血流成河"（Rivers of Blood）演说就是在那一时期）。但在 80 年代，它却突然成为了早期中世纪学者的主要论战话题。还需补充说明的是，华莱士－哈德里尔对文斯库斯的理解与沃尔弗拉姆和波尔颇为不同：在日耳曼部族之外，他更侧重文斯库斯著作中对凯尔特部族的阐释。[38]

郭法特在 1988 年的专著《蛮族历史的讲述者》开启了第三个研究领域。这本书宣称，由约达尼斯、图尔的格里高利、比德和执事保罗创

[35] J. Durliat, *Les finances publiques de Dioclétien aux Carolingiens (284–889)* (Sigmaringen, 1990); W. Goffart, *Barbarians and Romans: The Techniques of Accommodation* (Princeton, 1980).

[36] P. Porena and Y. Rivière, eds., *Expropriations et confiscations dans les royaumes barbares* (Rome, 2013).

[37] A. Gillett, ed., *On Barbarian Identity. Critical approaches to ethnicity in the Early Middle Ages* (Turnhout, 2002).

[38] J. M. Wallace-Hadrill, review of R. Wenskus, *Stammesbildung und Verfassung, English Historical Review* 79 (1964), pp. 137–139.

作的早期中世纪史书不应被视为"蛮族"史书，而是应当被理解为写作于特定语境中、隶属特定文体的作品。郭法特对这些文体的界定很大程度上采纳了他在多伦多大学的同事诺思罗普·弗莱（Northrop Frye）所提出的标准。[39]

本质上，语言转向（linguistic turn）在早期中世纪研究中突然产生了巨大的影响。本文不对郭法特著作引发的争论做评论，这些争论主要涉及的是一些细节问题。我只想说明，作为文本的叙述史文献的重要性已不再可能被忽视。

至 20 世纪 90 年代，古代晚期作为一个课题的日益流行，同样也清楚地体现在新刊物的创设上。早在 1976 年，意大利刊物《罗马－蛮族研究》（Romano-barbarica）就已经刊发了首期，但《早期中世纪欧洲》（Early Medieval Europe）的第一期出现于 1992 年，《古代晚期》（Antiquité tardive）随后创刊于 1993 年。[40]《古代晚期学刊》（Journal of Late Antiquity）在 2008 年首册付梓，为相关研究又添一刊。

与此同时，由欧洲科学基金资助的一个国际项目对后罗马时代的研究提供了新的推动力。这个项目始于 1989—1992 年的一个工作团队，此后转为完整项目并延续至 1998 年。这里或许有必要对欧洲科学基金项目在 20 世纪 90 年代的组织结构稍作解释。欧洲科学基金是一个学术资助机构，旨在认定可以构成重要国际学术合作基础的议题。在某个话题获得认定和描述后，欧洲科学基金就会询问各国的资助机构，是否愿意为该项目注资。"罗马世界的转型"项目源于针对加洛林时代莱茵兰地区的研究动议，由著名的荷兰学者卡洛斯·范·雷格特伦·阿尔特纳（Carlos van Regteren Altena）提出（尽管他本人并非早期中世纪学者），筹划者是当时还是青年学者的弗兰斯·休斯（Frans Theuws）。

[39] W. Goffart, *The Narrators of Barbarian History. Jordanes, Gregory of Tours, Bede, and Paul the Deacon* (Princeton, 1988).
[40] *Romanobarbarica* (1976-); *Early Medieval Europe* (1992-); *Antiquité tardive* (1993-); *Journal of Late Antiquity* (2008-).

欧洲科学基金当时认为这个话题太窄，但同时认为，设立一个早期中世纪项目是个好主意。因此，一个小组被组建起来，对这个动议重做规划。小组成员包括沃尔弗拉姆（但很快由波尔接替）、克莱索斯、哈维尔·阿尔塞（Javier Arce）、阿兰·迪耶肯斯（Alain Dierkens）、理查德·霍奇斯（Richard Hodges）、帕特里克·佩林（Patrick Perin）、休斯和我。这个小组策划了名为"罗马世界的转型"的项目。这个项目名曾受到批评，尽管批评者并不了解为何选这个名字。[41] 身为希腊人、同时又是拜占庭专家的克莱索斯坚持反对使用"衰落"和"灭亡"的字眼。"转型"更接近一种令各方满意的妥协选项。选择它的一个重要原因是，尽管"转型"一词可以指和平的变迁，它同样可以有"突然改变"的意思。在英国哑剧传统中（我这个年纪的英国人都很熟悉，尽管那位批评者似乎记性不好），睡美人的宫殿瞬间冰封并被丛林吞没，或是杰克的豆茎把他举上巨人的领地，这些都是所谓的"转型场景"。该项目在欧洲科学基金人文部秘书们的全力协助下得以立项和开展。

项目在组织结构上设置了三位协调人——克莱索斯、阿尔塞和我——以及一系列小组领导，遴选自奥地利、比利时、英国、法国、意大利、荷兰和西班牙的学者，包括休斯、波尔、霍奇斯、迪耶肯斯、佩林，还有里卡尔多·弗朗科维奇（Riccardo Francovich）、米格尔·巴尔塞洛（Miguel Barcelo）、莱斯莉·韦伯斯特（Leslie Webster）和米歇尔·布朗（Michelle Brown）。人选的地理分布并无法完全反映学科的实际状况。但在项目开展初期，也很难比这做得更好了。但是，还存在两个影响因素：一是各国是否已经签约参加这个项目。爱尔兰起初没有签约，这是个重大的损失，因为爱尔兰学者对后罗马时代研究有十分重要的贡献。爱尔兰学会后来确实签约了，但那是在"小组"建立之后，而且，由于缺乏沟通，爱尔兰学者只出席了项目的全会。另一个国家法

---

④ B. Ward-Perkins, *The Fall of Rome and the End of Civilization* (Oxford, 2005), pp. 4, 174.

国拒绝加入项目，尽管我们努力劝说诺埃尔·杜瓦尔和伊薇特·杜瓦尔让法国科学研究中心（CNRS）参与项目。但项目协调人主张，已经在初期阶段参与了项目的法国学者继续留在项目中。鉴于法国方面毫无贡献，法国代表在项目参与者中的比重是高得离谱的。

第二个影响因素与小组成员的招募有关。欧洲科学基金认为，参与项目的学者应当有很大比例是处在职业生涯相对早期的学者。在某些国家（尤其是德国和意大利），招募工作是以一种等级色彩浓厚的方式进行的，基本是通过知名教授推荐年轻学者。推荐请求有时候会石沉大海。但并非没有来自德国和意大利的代表参加项目。德国方面有汉斯-维尔纳·格茨（Hans-Werner Goetz）和约尔格·雅尔努特（Jörg Jarnut），两人都是出色的沟通者和学者，此外，更年轻的学者还有马蒂亚斯·哈尔特（Matthias Hardt）和米夏埃尔·施毛德（Michael Schmauder）。意大利方面有吉安·彼得罗·布罗焦洛（Gian Pietro Brogiolo）、克里斯蒂娜·拉·罗卡（Cristina La Rocca）、斯特凡诺·加斯帕里（Stephano Gasparri）和年轻学者费代里科·马拉齐（Federico Marazzi）参与项目。在其他国家，招募流程的等级色彩没那么重。例如，西班牙学者的响应非常积极，他们希望借此机会使西班牙学界更多地介入古代晚期和早期中世纪研究。波兰学者也十分积极，对他们而言，这个项目提供了在铁幕倒下后扩展视野的良机。苦于玛格丽特·撒切尔所推行的学术经费紧缩政策的英国学者也抓住这个机会参与国际研究项目，其结果是，他们在人数上成为了项目的主导力量（但至少有一位英国学者无视这个事实，虽然他本应很容易就能查到数据）。[42]

---

[42] 根据 1997 年的项目通讯录（即项目结束前一年，当时有一些学者已经退出了项目），根据所属学术机构的国别，项目参与者的人数分布如下：阿尔巴尼亚（1 人）；加拿大（1 人）；芬兰（3 人）；瑞士（3 人）；奥地利（4 人）；波兰（4 人）；比利时（5 人）；挪威（5 人）；瑞典（5 人）；希腊（6 人）；美国（8 人）；荷兰（9 人）；丹麦（10 人）；法国（18 人）；意大利（19 人）；西班牙（20 人）；德国（24 人）；英国（26 人）。

（正文本句中的"英国学者"指"罗马世界的转型"的批评者布莱恩·沃德－帕金斯。——译者）

通过项目的出版物来评估"罗马世界的转型"的成果毫不困难,[43] 因此,我将仅就项目对早期中世纪学者的工作实践的影响做一些宽泛的评论。首先值得注意的是项目的国际混搭色彩。在绝大多数工作坊中,小组成员迅速地意识到,他们接受学术训练的国家学术传统之间存在差异,几乎所有人都据此对自己的工作方法有所调整。其次,在国际混搭色彩之外,我们在组建小组时基本上保证了不同专业都有代表。这再度对个体学者的工作产生了影响。考古学者、历史学者和艺术史家都发现自己在调整各自的研究思路。先前在彼此分离的领域中工作的学者之间的定期协作,带来了翻天覆地的观点转变。受过扎实的抄本研究训练的学者的出席,对于推进这一时段的研究来说,可能具有不亚于任何其他方面的重要意义。

抄本研究当然并非新兴学科。不妨想想《拉丁古抄本》(*Codices Latini Antiquiores*)系列,其最后一卷出版于 1982 年,尽管 1985 年和 1992 年有增补表问世。[44] 此外,很多加洛林学者追随伯恩哈德·比绍夫(Bernhard Bischoff)接受古书学训练,非常多的盎格鲁－撒克逊学者则从朱利安·布朗(Julian Brown)那里学习抄本。但是,部分因为加洛林时代之前的抄本数量相对较少(约 225 份),部分因为学者们(错误地)以为《德意志文献集成》(*Monumenta Germaniae Historica*)对晚期罗马时代和墨洛温时代文献的刊行已使我们没有必要回到抄本,研究古代晚期和早期中世纪前几个世纪的历史学者一度不倾向于关注抄本。米歇尔·布朗和罗莎蒙德·麦基特里克等学者的出席使很多项目参

---

[43] *The Transformation of the Roman World* (general editor, Wood), 13 vols.. 另见 L. Webster, and M. Brown, eds., *The Transformation of the Roman World, AD 400-900* (London, 1997). L. Brubaker and J. M. H. Smith, eds., *Gender in the Early Medieval World. East and West* (Cambridge, 2004) 一书也是从这个项目中发展出来的。

[44] E. A. Lowe, *Codices Latini Antiquiores*, 12 vols (Oxford, 1934-1971); R. Aris, *Index of Scripts* (Osnabrück, 1982): B. Bischoff and V. Brown, *Addenda to Codices Latini Antiquiores* (Toronto, 1985); Bischoff, Brown, and J. J. John, *Addenda to Codices Latini Antiquiores* II (Toronto, 1992).

与者对早期中古抄本的历史信息价值大开眼界。在完全不涉及抄本研究的情况下研究早期中世纪，在 1990 年尚有可能（尽管麦基特里克和大卫·甘茨在都柏林"科伦巴努斯"会议论文集中的论文均大量涉及抄本）；到了 2000 年，这不再可能。但是，与早期中世纪学者相比，很多古代晚期专家至今还没有完全认识到抄本的重要性。

尽管来自北美的学者出席了"罗马帝国的转型"项目的全体会议（以及个别的一些工作坊），但他们并非定期参会的小组成员。布朗 1978 年到伯克利之后，美国学者对古代晚期的兴趣飙升。他的学生包括迈克尔·马斯（Michael Maas）、凯特·库珀（Kate Cooper）、诺埃尔·伦斯基（Noel Lenski）和理查德·佩恩（Richard Payne），此外还有很多，这里无法逐一罗列。从论文集《古代晚期的变动：致敬彼得·布朗》中不难看到布朗的影响范围之广。[45]

但是，以"古代晚期的不断移动的边界"为题的一系列学术会议（首次会议于 1995 年在堪萨斯召开）的创设，事实上并非直接来自布朗或欧洲科学基金项目的灵感（尽管这个系列会议后来的部分出版物确实直接回应"罗马世界的转型"论文集），而是 1989 年在设菲尔德召开的"5 世纪的高卢：认同的危机？"学术会议。"5 世纪的高卢"会议论文集由约翰·德林克沃特（John Drinkwater）和休·埃尔顿（Hugh Elton）主编，出版于 1992 年。[46] 拉尔夫·马西森（Ralph Mathisen）和哈吉斯·西旺（Hagith Sivan）出席了这次会议，受其启发，创办了"不断移动的边界"。

让我们把视野转回欧洲。在"社会压力跨学科研究中心"（Center

㊺　Kreiner and Reimitz, eds., *Motions of Late Antiquity: essays on Religion, Politics and Society in Honor of Peter Brown.*

㊻　R. W. Mathisen and H. S. Sivan, eds., *Shifting Frontiers in Late Antiquity* (Aldershot, 1996), pp. xii-xiii: Mathisen and D. Shanzer, *Society and Culture in Late Antique Gaul* (Aldershot, 2001), pp. ix-x; J. Drinkwater and H. Elton, eds., *Fifth-Century Gaul: a crisis of identity?* (Cambridge, 1992).

for Interdisciplinary Research on Social Stress）的赞助下，于圣马力诺组织的一系列学术会议提供了另一组学术交流网络。首届会议以"帝国之后：建设欧洲蛮族人种学"为名，召开于 1993 年。[47] 组织这些会议的创意来自于乔治·奥森达（Giorgio Ausenda）。奥森达算是一位业余爱好者，这么说毫无不敬之意。出于十分复杂的原因，他决意要在圣马力诺（他妻子的老家）召集后罗马时代主题的定期研讨小组。按照奥森达制订的计划并依据他本人所受的人类学训练，系列研讨会对每个主要蛮族族群依次展开研究。比之欧洲科学基金的项目，这个项目在规模上要小得多，但它使不同圈子的学者汇聚一堂，尽管英国学者（依旧苦于玛格丽特·撒切尔的政策）还是比其他地方的学者更倾向于接受邀请。由于集中关注特定的蛮族族群，每次会议的工作小组都有变化，但有些学者是常客，包括约翰·海因斯（John Hines）、丹尼斯·格林（Dennis Green）和沃尔夫冈·豪布里希斯（Wolfgang Haubrichs）。格林和豪布里希斯的影响值得特别强调，因为他们坚持把语言纳入考察的重要性。会议论文集还收录了研讨部分内容，从中可以对会议的现场气氛有所感受（不过需要说明，录制讨论的房间回声特别大，因此，不得不通过大量的编辑工作来重构录音中发言的本意）。

1997 年，面对"罗马世界的转型"行将结项的局面，四名项目成员——梅克·德蓉（Mayke de Jong）、罗莎蒙德·麦基特里克、瓦尔特·波尔和我，感到有必要为下一代学界提供与来自不同国家的研究者研讨问题的机会。雷吉娜·勒让后来也加入了我们。一个名为"文本与认同"（Texts and Identities）的团队应运而生，汇集了我们自己的研

---

[47] G. Ausenda, ed., *After Empire: towards an ethnology of Europe's Barbarians* (Woodbridge, 1995). 在"历史考古人种学研究"书系中出版的后续会议论文集，主题分别是盎格鲁－撒克逊人（ed. John Hines）、巴伐利亚人和图林根人（ed. J. Fries-Knoblach and H. Steuer）、大陆萨克逊人（ed. D.H. Green and F. Siegmund）、法兰克人和阿拉曼尼人（ed. I.N. Wood）、伦巴德人（ed. Ausenda, P. Delogu and C. Wickham）、东哥特人（ed. S. Barnish and F. Marazzi）、斯堪的纳维亚人（ed. J. Jesch）和西哥特人（ed. P. Heather）。

究生，聚会地点在奥地利、英国和荷兰，偶尔在法国。这些会议的部分成果出版于 2004 年和 2010 年，收在奥地利学会的一个名为《中世纪史研究》（*Forschungen zur Geschichte des Mittelalters*）的书系中。两本论文集分别是由理查德·科拉迪尼（Richard Corradini）、罗布·米恩斯（Rob Meens）、克里斯蒂娜·波塞尔（Christina Pössel）和菲利普·肖（Philip Shaw）主编的《早期中世纪的文本与认同》[48]，以及由科拉迪尼、马修·吉利斯（Matthew Gillis）、罗莎蒙德·麦基特里克和伊雷妮·范·伦斯沃德（Irene van Renswoude）主编的《自我麻烦》[49]。除了小团体聚会外，参与者还在国际中世纪年会（1994 年创设于利兹，以卡拉马祖国际中世纪研究会议为模板）上组织"文本与认同"主题会议。这些主题会议尝试在来自少数几个大学的学者小圈子之外打造一个延续性的研讨团体。

在举办"文本与认同"项目活动的若干个中心里，维也纳在开创由多位年轻学者参与的协作性研究项目方面最为成功，一个重要原因是，波尔在 2004 年获得了"维特根斯坦奖"。维也纳因此主办了一系列大型会议，其中绝大多数成果（与"文本与认同"论文集一样）在《中世纪史研究》书系中出版，其中很多由波尔的研究生负责主编。[50]

---

[48]　R. Corradini, R. Meens, C. Pössel, and P. Shaw, eds, *Texts and Identities in the Early Middle Ages* (Vienna, 2004).

[49]　R. Corradini, M. Gillis, R. McKitterick, and I. van Renswoude, eds., *Ego Trouble* (Vienna, 2010).

[50]　W. Pohl and H. Reimitz, eds., *Grenze und Differenz im frühen Mittelalter* (Vienna, 2000): Pohl and M. Diesenberger, eds. *Eugippius und Severin* (Vienna, 2001); Pohl and Diesenberger, eds., *Integration und Herrschaft* (Vienna, 2002); Pohl and P. Herold, eds., *Vom Nutzen des Schreibens* (Vienna, 2002); P. Erhart and J. Kleindienst, eds., Urkun *denlandschaft Rätien* (Vienna, 2004); Pohl, ed., *Die Suche nach den Ursprungen* (Vienna, 2004); Pohl and Erhart, eds., *Die Langobarden* (Vienna, 2005): S. Airlie, Pohl, H. Reimitz, eds., *Staat im frühen Mittelalter* (Vienna, 2006); G. Berndt and R. Steinacher, eds., *Das Reich der Vandalen und seine Vorgeschichte* (Vienna, 2008); Reimitz and B. Zeller, eds., *Vergangenheit und Vergegenwärtigung* (Vienna, 2009); Pohl and V. Wieser, eds., *Der frühmittelalterliche Staat – europäische Perspektiven* (Vienna, 2009); Pohl and M. Mehofer, eds., *Archäologie der Identität* (Vienna, 2010); Corradini, Diesenberger, and M. Niederkorn-Bruck, *Zwischen Niederschrift und Wiederschrift* (Vienna, 2010); Pohl and Zeller, eds., *Sprache und Identität im frühen Mittelalter* (Vienna, 2012).

此外，波尔领衔了一个欧洲研究领域人文学科（HERA）的中标项目，以"文化记忆与过去的资源"（Cultural Memory and the Resources of the Past）为主题，再度联合了剑桥、利兹、乌得勒支和维也纳。作为项目成果的论文集《早期中世纪欧洲的过去的资源》出版于 2015 年，由克莱门斯·甘特纳（Clemens Gantner）、麦基特里克和斯文·米德（Sven Meeder）主编。[51]

"罗马世界的转型"和"文本与认同"项目的参与者雷吉娜·勒让也进一步主持了大型项目，其中之一以早期中世纪精英研究为主题。这个项目明显受欧洲科学基金项目的启发。[52]针对稍晚时段的项目"西欧的世袭转变（8—10 世纪）"（Les transfers patrimoniaux en Europe occidentale, VIIIe-Xe siècle）也是如此。

学术生涯不可避免有结束的一天。德蓉、麦基特里克、勒让和我的退休（无论是刚退休还是临近退休）意味着"文本与认同"项目将告终止。这促使一群利兹大学的学生找寻方法，以延续这种他们从中受益的定期国际研讨，其结果便是"网络与邻人"（Networks and Neighbours）的创建。这个项目（迄今为止）每两年在利兹召开一次年会，在其他地方也有一些中型会议。第二次中型会议召开于巴西的库里蒂巴（Curitiba），这大大拓展了学术网络的地理范围。在此之前，并非没有欧洲学者和南美洲学者之间的学术交流。高等研究学院（École des Hautes Études）介入了 1933 年圣保罗大学的创立，中世纪学者也参与其中。圣保罗大学因此与法国学者有紧密的联系。但"网络与邻人"吸引了南美学者来到利兹参加他们的年会和国际中世纪年会。以色列学者也是如此。由旧欧洲主导的学术主轴（北美也在其中）突然之间

---

[51] C. Gantner, McKitterick, and S. Meeder, eds., *Resources of the Past in Early Medieval Europe* (Cambridge, 2015).
[52] *Les élites dans le Haut Moyen Âge*. F. Bougard, L. Feller, and R. Le Jan, eds., *Les élites au haut moyen âge* (Turnhout, 2006) 是该项目出版的首部论文集。

发生了南移。如果可以获得资金支持的话，这指向了一种全新的学术未来。当然还应当补充说明，"网络与邻人"已经拥有了一个十分成功的线上学刊。[53]

"网络与邻人"并非唯一的未来。维也纳、普林斯顿和牛津之间正在结成新的网络。同样值得一提的是由年轻的和不那么年轻的德国学者组成的欣欣向荣的团队，其中包括雅尔努特和格茨的学生，考古学者中包括施托伊尔和比尔布劳尔的学生。在美国，"不断移动的边界"项目看上去进展稳定。但我并不想以枚举来结束本文的考察——本文已经列了太多的名单了。我希望强调网络和连通的价值。但在此之前，我想请大家留意一个可能会令人惊讶的问题。本文的考察始于《古代晚期的世界》，但是，尽管布朗在很大程度上为这个时段赋予了魅力，他却并没有规定这个时段中的什么议题应当具有主导性。至少在我的叙事中（一位拜占庭学者或一位教会史学者肯定会讲述一个不同的故事），尽管布朗提供了最大的启发，但绝大多数学术研究所聚焦的历史世界其实是华莱士 – 哈德里尔致力研究的"蛮族西部世界"。一个简单的事实是，我们同样不太容易意识到，篇幅和抱负差异巨大的三本著作——魏可汉的《建构早期中古》、布莱恩·沃德 – 帕金斯的《罗马的灭亡与文明的终结》和彼得·希瑟的《罗马帝国的灭亡》[54]——的作者都是牛津的毕业生，前两位在读时，布朗仍在牛津并教过他们。然而，这些书基本上研究的都是社会、经济和政治的世俗议题，并非布朗式的社会 – 宗教考察。布朗的历史图景与很多早期中世纪学者的历史图景之间明显缺乏沟通，这部分源于研究兴趣和语言能力上的差异，但这也仅仅是部分原因。这两种历史图景需要以某种方式加以整合。

---

[53] *Networks and Neigbhours* (2013-): 参见 networksandneighbours.blogspot.co.uk。期刊及其网站（networksandneighbours.org）在 2016 年冬前处于结构性调整中。在此期间，项目将继续国际交流和活动，以及依托博客的线上出版。

[54] C. Wickham, *Framing the Early Middle Ages* (Oxford, 2005); B. Ward-Perkins, *The Fall of Rome and the End of Civilization*; P. Heather, *The Fall of the Roman Empire* (London, 2005).

　　我想说的第二点要更积极一些。很大程度上，古代晚期和早期中世纪的学术聚焦是由学术网络驱动的，其中一些网络起初的规模很小——都柏林的"科伦巴努斯"会议和设菲尔德的"5世纪的高卢"会议在创造网络和引领潮流方面都扮演了重要角色。结果是，学者们并非在孤独地工作，而是在与同辈经常交流的状态下开展研究的。我在本文中提到了一些这样的学术网络，我希望我清楚地说明了它们的价值，即国别区别和学科区隔的泯灭。或许同样重要的是，无论其参与者的知名度有多高，我谈到的这些网络并没有被大学者主导（如赖歇瑙和斯波莱托的情况那样），而是尽可能地倾向更年轻的学者和研究生。未来属于他们。

图书在版编目（CIP）数据

西部罗马的转型 /（英）伊恩·伍德著；刘寅译 . —北京：商务印书馆，2022
（古典文明译丛）
ISBN 978-7-100-20396-8

Ⅰ.①西… Ⅱ.①伊… ②刘… Ⅲ.①罗马帝国—历史—研究 Ⅳ.① K126

中国版本图书馆 CIP 数据核字（2021）第 193956 号

古典文明译丛
西部罗马的转型
〔英〕伊恩·伍德　著

刘寅　译

商 务 印 书 馆 出 版
（北京王府井大街36号　邮政编码100710）
商 务 印 书 馆 发 行
北京艺辉伊航图文有限公司印刷
ISBN　978-7-100-20396-8

2022 年 1 月第 1 版　　　开本 710×1000　1/16
2022 年 1 月北京第 1 次印刷　印张 10¼
定价：48.00 元